安全生产红线意识法制宣传教育系列

《生产安全事故报告和调查处理条例》宣传教育读本

主　编　佟瑞鹏
副主编　王文军　王　斌

中国劳动社会保障出版社

图书在版编目(CIP)数据

《生产安全事故报告和调查处理条例》宣传教育读本/佟瑞鹏主编. —北京：中国劳动社会保障出版社，2014
(安全生产红线意识法制宣传教育系列)
ISBN 978-7-5167-1429-4

Ⅰ.①生… Ⅱ.①佟… Ⅲ.①安全生产-条例-中国-学习参考资料 Ⅳ.①D922.544

中国版本图书馆 CIP 数据核字(2014)第 246949 号

中国劳动社会保障出版社出版发行
(北京市惠新东街 1 号　邮政编码：100029)
*
中国标准出版社秦皇岛印刷厂印刷装订　　新华书店经销
850 毫米×1168 毫米　32 开本　4.5 印张　105 千字
2014 年 10 月第 1 版　2023 年 11 月第 7 次印刷
定价：15.00 元
营销中心电话：400-606-6496
出版社网址：http://www.class.com.cn

版权专有　　侵权必究
如有印装差错，请与本社联系调换：(010) 81211666
我社将与版权执法机关配合，大力打击盗印、销售和使用盗版图书活动，敬请广大读者协助举报，经查实将给予举报者奖励。
举报电话：(010) 64954652

内容简介

生产安全事故发生后，对事故进行报告的目的，是为了使各级人民政府安全生产监督管理部门及时了解事故情况，采取有效措施，组织抢救，防止事故扩大，减少人员伤亡和财产损失；对事故进行调查处理的目的，是为了查明事故发生的可能原因，对事故责任人进行追究，以及提出防止类似事故再次发生的对策。事故报告和调查处理是一项极其严肃的工作，依照《生产安全事故报告和调查处理条例》做好此项工作，对于预防和减少事故发生具有重要意义。

本书分为总则、事故报告、事故调查、事故处理、法律责任、附则六章，章的设置与《生产安全事故报告和调查处理条例》保持一致。章内每个法条单独设节，节内主要包含相关法条、法条详解两部分，有时增加小案例、小资料或小提示。其中，法条详解部分以问答的形式解答了读者对法条可能产生的疑问，能够加深读者对法条的理解。本书版式设计新颖活泼，漫画配图直观生动，可作为各级政府安全生产监督管理部门、企业强化职工红线意识、开展安全生产法制宣传教育工作的学习读物，也可作为生产经营单位负责人、安全管理人员、工人学法的普及性学习读物。

前言

习近平总书记强调:"人命关天,发展决不能以牺牲人的生命为代价。这必须作为一条不可逾越的红线。"安全生产法律法规"句句是底线,字字是生命线",必须要做到"铁规定,刚执行,全覆盖,真落实,见实效"。根据对全国每年上百万起事故原因进行的分析表明,95%以上的事故是由于违反安全生产法律、行政法规、部门规章、安全生产标准等而导致的。因此,抓好安全生产法律法规的宣传普及和培训工作,对政府安全生产监督管理部门、企业安全生产管理人员的管理及企业工人的安全生产实践,具有非常重要的意义。

为了强化红线意识,为了企业更好地进行安全生产法律法规的宣传普及和培训工作,中国劳动社会保障出版社特组织编写了这套"安全生产红线意识法制宣传教育系列"丛书。

本套丛书具有权威性、针对性、拓展性的特点。本套丛书的作者均为安全生产领域的专家学者,在高校或科研机构常年从事安全生产相关课程的教学和科研工作,并经常为企业职工进行安全生产教育培训,对安全生产法律法规知识有全面深入的理解,并对企业安全管理人员和工人的法律法规知识的薄弱环节有一定了解。本套丛书针对法律法规的具体条文,站在企业安全管理人员和工人的角度,以问答的形式对法条进行详细解释。本套丛书问答中的设问,不仅有对法律条文字面的解释,还有对相关知识的拓展,力求可以令读者全面深入理解法律条文的规定。本套丛书还增加了一部分案例和资料性内容,以加深读者对法律条文的理解。

本套丛书有:《〈安全生产法〉宣传教育读本》《〈突发事件应对法〉宣传教育读本》《〈消防法〉宣传教育读本》《〈特种设备安全法〉宣传教育读本》《〈职业病防治法〉宣传教育读本》《〈矿山安全法〉宣传教育读本》《〈食品安全法〉宣传教育读本》《〈工伤保险条例〉宣传教育读本》《〈生产安全事故报告和调查处理条例〉宣传教育读本》《〈化工(危险化学品)企业保障生产安全十条规定〉宣传教育读本》《〈烟花爆竹企业保障生产安全十条规定〉宣传教育读本》《〈煤矿矿长保护矿工生命安全七条规定〉宣传教育读本》《〈非煤矿山企业安全生产十条规定〉宣传教育读本》《〈严防企业粉尘爆炸五条规定〉宣传教育读本》《〈有限空间安全作业五条规定〉宣传教育读本》《〈隧道施工安全九条规定〉宣传教育读本》,共16分册。

本套丛书内容通俗易懂,图文并茂,可作为企业安全生产管理人员和工人的培训教材,也可供想了解安全生产法律法规的人员学习使用。

目录

☞ **第一章 总则/1**

第一节 立法的目的和依据/ 1
第二节 适用范围/ 5
第三节 事故等级划分/ 9
第四节 事故调查处理的原则和任务/ 12
第五节 政府职责/ 16
第六节 工会的权利/ 18
第七节 事故报告和依法调查/ 21
第八节 单位和个人的权利/ 23

☞ **第二章 事故报告/ 27**

第一节 报告事故/ 27
第二节 上报事故/ 31
第三节 时间要求/ 34
第四节 报告内容/ 35
第五节 事故补报/ 37
第六节 应急抢救/ 42
第七节 应急救援/ 44
第八节 事故现场保护/ 47
第九节 依法立案侦查/ 49
第十节 值班制度/ 50

第三章　事故调查 / 53

第一节　事故调查权 / 53
第二节　变更事故调查权 / 57
第三节　跨区域调查 / 58
第四节　调查组的原则 / 59
第五节　调查组成员条件 / 63
第六节　组长职权 / 64
第七节　调查组职责 / 65
第八节　调查组职权 / 69
第九节　技术鉴定 / 71
第十节　成员行为规范 / 72
第十一节　调查时限 / 74
第十二节　报告内容 / 75
第十三节　资料存档 / 77

第四章　事故处理 / 79

第一节　批复主体、批复时限 / 79
第二节　防范和整改 / 85
第三节　社会公布 / 89

第五章　法律责任/ 92

第一节　主要负责人的违法行为/ 92
第二节　有关人员法律责任/ 97
第三节　事故单位的法律责任/ 104
第四节　主要负责人的处罚/ 105
第五节　政府及有关部门的违法行为/ 108
第六节　中介机构法律责任/ 113
第七节　调查人员法律责任/ 117
第八节　政府及有关部门的法律责任/ 120
第九节　行政处罚/ 122

第六章　附则/ 125

第一节　适用范围的补充/ 125
第二节　事故报告和调查处理的衔接性/ 128
第三节　施行日期/ 131

第一章 总则

第一节 立法的目的和依据

【相关法条】

第一条 为了规范生产安全事故的报告和调查处理,落实生产安全事故责任追究制度,防止和减少生产安全事故,根据《中华人民共和国安全生产法》和有关法律,制定本条例。

【法条详解】

本条是关于《生产安全事故报告和调查处理条例》(以下简称《条例》)立法目的和立法依据的规定。

问题1:在生产安全事故报告和调查处理方面,我国已经制定了相应的法律、行政法规,如《特别重大事故调查程序暂行规定》和《企业职工伤亡事故报告和处理规定》等,为什么还要制定《生产安全事故报告和调查处理条例》?

生产安全事故的报告和调查处理,是安全生产工作的重要环节。

国务院1989年公布施行的《特别重大事故调查程序暂行规定》和1991年公布施行的《企业职工伤亡事故报告和处理规定》,对规范事故报告和调查处理发挥了重要作用。

《生产安全事故报告和调查处理条例》宣传教育读本

但是,随着社会主义市场经济的发展,安全生产领域出现了一些新情况、新问题,主要表现在:

1. 生产经营单位的所有制形式多元化,由过去以国有制和集体所有制为主发展为多种所有制的生产经营单位并存,特别是私营、个体等非公有制生产经营单位在数量上占多数,并且出现了公司、合伙企业、合作企业、个人独资企业等多样化的组织形式,生产经营单位的内部管理和决策机制也随之多样化、复杂化,给安全生产监督管理提出了新的课题。

2. 在经济持续快速发展的同时,安全生产面临着严峻形势,特别是矿山、危险化学品、建筑施工、道路交通等行业或者领域事故多发的势头没有得到根本遏制。

3. 安全生产监管体制发生了较大变化,各级政府特别是地方政府在安全生产工作中负有越来越重要的职责。

4. 社会各界对于生产安全事故报告和调查处理的关注度越来越高,强烈呼吁采取更加有效的措施,进一步规范事故报告和调查处理。

为了适应安全生产的新形势、新情况,迫切需要在总结经验的基础上,制定一部全面、系统地规范生产安全事故报告和调查处理的行政法规,为规范事故报告和调查处理工作、落实事故责任追究制度、维护事故受害人的合法权益和社会稳定、预防和减少事故发生,进一步提供法律保障。

问题2:制定《条例》的立法依据是什么?

《中华人民共和国安全生产法》(以下简称《安全生产法》)第八十三条明确规定,事故调查和处理的具体办法由国务院制定。这是制定《条例》最直接的立法依据,《条例》的内容必须与《安全生产法》有关事故报告和调查处理的规定保持一致。此外,现行有关安全生产的其他法律,如《中华人民共和国消防法》《中华人民

第一章 总则

共和国道路交通安全法》《中华人民共和国海上交通安全法》等,也对相关领域事故的报告和调查处理作了规定,这也是《条例》的立法依据。

问题3:《条例》的立法目的是什么?

1. 规范生产安全事故的报告和调查处理

生产安全事故的报告和调查处理是一项非常严肃、非常重要的工作,涉及的面很广,必须从法律上明确相应的操作规程,对事故报告和调查处理的组织体系、工作程序、时限要求、行为规范等作出明确规定,特别是明确事故发生单位及其有关人员,政府、有关部门及其有关人员以及其他单位和个人在事故报告和调查处理中的责任,以保证事故报告和调查处理工作在规范的基础上的顺利开展,做到客观、公正、高效。

2. 落实生产安全事故责任追究制度

生产安全事故责任追究制度是搞好安全生产工作的强大法律武器,《条例》作为规范事故报告和调查处理工作的专门行政法规,其重要目的之一就是要落实事故责任追究制度。

3. 防止和减少生产安全事故

安全生产工作的最终目的是防止和减少生产安全事故的发生。事故报告和调查处理作为安全生产工作的重要环节,其最终目的同样是防止和减少生产安全事故的发生。

【小资料】

《条例》是《安全生产法》的重要配套行政法规。《条例》的出台实施是安全生产法制建设的重要成果。《条例》《刑法修正案(六)》及其相关司法解释、《安全生产领域违法违纪行为政纪处分暂行规定》(中华人民共和国监察部、国家安全生产监督管理总局令第11号),是安全生产领域出台的"三大文件"。这"三大文

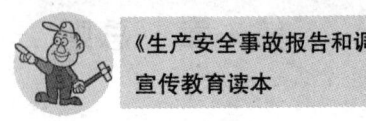

件",加上此前的法律法规,织起了安全生产领域的严密法网。这"三大文件",解决了过去安全监管监察中存在的理不直、气不壮、腰不硬、刀不快的问题,安全生产监管监察工作从此可谓"利剑在握"。

《条例》的立法背景

《条例》在我国安全生产法律法规中是非常重要的法律条规,是规范生产安全事故报告、调查和处理的重要制度。

新中国成立以来,我国曾经颁布三个关于生产安全事故处理的规定。第一个是1956年国务院颁布的《职工伤亡事故报告与调查处理规程》,它与《工业卫生安全规程》和《建筑施工安全规程》一道,统称为"三大安全规程",这"三大安全规程"指导我国安全生产工作长达35年之久,是当时计划经济条件下的产物。

1991年,国务院颁布了《企业职工伤亡事故报告和处理规定》。由于当时对特别重大事故缺乏相应的约束,且在事故调查处理中出现有待规范的地方,于是又出台了《特别重大事故调查处理条例》,这两个条例是计划经济到市场经济的过渡性规章。

随着市场经济的日趋完善,两个条例逐步产生了一些不适应,于是颁布了《条例》。《条例》是在党的十六届三中全会提出"清洁发展、节约负责、安全发展"的可持续发展要求,树立科学发展观的时代背景下提出的,国务院172次常务会议通过以后,温家宝总理2007年4月9日签发,通常称之为"国务院493号令"。

从2002年酝酿、2003年上报到国务院审议,到2007年4月9日颁布,四年磨一剑。《条例》不仅规范了事故报告和调查处理工作,落实了事故责任追究制度,而且与近年来颁布的一系列安全生产法律法规一起,织就了一张严密的法网。

第一章 总则

第二节 适用范围

【相关法条】

第二条 生产经营活动中发生的造成人身伤亡或者直接经济损失的生产安全事故的报告和调查处理,适用本条例;环境污染事故、核设施事故、国防科研生产事故的报告和调查处理不适用本条例。

【法条详解】

本条是关于《条例》适用范围的规定。

问题1:什么是"生产安全事故"?

国家安全生产监督管理总局(以下简称"国家安监总局")《〈生产安全事故报告和调查处理条例〉罚款处罚暂行规定》(国家安监总局第13号令)、中纪委、国务院法制办、国家安监总局关于《生产安全事故报告和调查处理条例》答记者问等,都对这个问题进行了解释说明。

过去,生产安全事故有三个明显的特征:

1. 生产经营单位。
2. 在生产经营场所。
3. 在作业时间为生产经营活动而产生的事故。

根据国家安监总局"关于生产安全事故认定若干意见问题的函"的规定,生产安全事故的调整范围被大大拓宽,法人、自然人、非法的生产经营活动都作为生产安全事故的调整范围。

现在,生产安全事故有三个明显的特征(以个人修建住宅为例):

《生产安全事故报告和调查处理条例》宣传教育读本

1. 合法企业发生的事故

例如，将房屋承包给有资质的建筑公司，发生的事故当然是生产安全事故。

2. 自然人因生产活动发生的事故

按照新的《条例》规定，通过换工、雇佣等有偿方式进行的劳作中发生的事故，也是生产安全事故；自己修建房屋发生的事故，不是生产安全事故。

3. 非法经营活动中发生的事故

例如，人们误进入废弃的煤窑或私挖滥采活动中产生的生产安全事故，属于生产安全事故。

总之，在生产经营活动中造成的人员伤亡或者直接经济损失的事故，都是生产安全事故。

问题2：理解《条例》适用范围，应注意哪些问题？

首先，《条例》适用于生产经营活动中的生产安全事故的报告和调查处理。《条例》作为《安全生产法》的配套行政法规，其适用范围限于生产经营活动中的生产安全事故。这就意味着，不属于生产安全事故的社会事件、自然灾害事故、医疗事故等的报告和调查处理，不适用《条例》的规定。

其次，事故必须造成人身伤亡或者一定的直接经济损失。如果虽发生了事故，但没有造成人身伤亡或者直接经济损失，也不适用《条例》的规定。

最后，本条还明确了三类事故的报告和调查处理不适用《条例》，这三类事故是环境污染事故、核设施事故、国防科研生产事故。这样规定，主要是考虑到上述三类事故的技术性、专业性或保密性都比较强，其事故报告、事故调查处理都具有较强的特殊性，且在实践中已经形成了一套比较成熟的做法，不宜按照《条例》规定的程序办理。

【小资料】

《条例》的效力范围

这里说的效力是指《条例》的法律效力，主要包括时间效力、空间效力和对人的效力。

1. 时间效力

《条例》自2007年6月1日起施行。也就是说2007年6月1

日以后发生的各类生产安全事故，都适用于《条例》的规定，在此以前发生的事故按原有的条规进行处理。

2. 空间效力

《条例》是指在中华人民共和国领域内（包括领海、领空和领土）从事生产经营活动中发生的事故。从所有制结构上来分，个体经营的企业、集体经营的企业、外资企业、合资企业等在中华人民共和国领域内从事生产经营活动的，都适用《条例》。

3. 对人的效力

《条例》规定的对人的效力范围与其他安全生产方面的法规有区别，大部分的安全法规都是指"生产经营单位"，而《条例》是指"在生产经营活动中"，二者既有区别又有联系。

另外，环境污染事故、核设施事故、国防科研造成的事故不适用于《条例》。因自然灾害诱发的生产安全事故是生产安全事故，因环境污染和其他因素诱发的生产经营作业场所的事故是生产安全事故，适用《条例》。

"生产安全事故"至少要同时具备以下4个构成要件：

一是主体的特定性，主要包括工矿商贸领域的公司、企业、合伙人、个体户等生产经营单元。

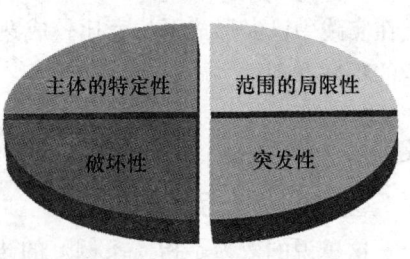

二是范围的局限性，即要发生在生产经营活动过程中。

三是破坏性，即造成人身伤亡或者直接经济损失。

四是突发性，即属于意外的突发事件。

要按照构成要件来认定生产安全事故,不宜过分缩小或扩大范围。例如,不能把邻里之间无偿互助修葺房屋时发生的意外伤亡事故定为生产安全事故,也不能把燃气公司和电力公司由于过错导致居民在自家中毒或触电的事故排除在生产安全事故之外。

第三节 事故等级划分

【相关法条】

第三条 根据生产安全事故(以下简称事故)造成的人员伤亡或者直接经济损失,事故一般分为以下等级:

(一)特别重大事故,是指造成30人以上死亡,或者100人以上重伤(包括急性工业中毒,下同),或者1亿元以上直接经济损失的事故;

(二)重大事故,是指造成10人以上30人以下死亡,或者50人以上100人以下重伤,或者5 000万元以上1亿元以下直接经济损失的事故;

(三)较大事故,是指造成3人以上10人以下死亡,或者10人以上50人以下重伤,或者1 000万元以上5 000万元以下直接经济损失的事故;

(四)一般事故,是指造成3人以下死亡,或者10人以下重伤,或者1 000万元以下直接经济损失的事故。

国务院安全生产监督管理部门可以会同国务院有关部门,制定事故等级划分的补充性规定。

本条第一款所称的"以上"包括本数,所称的"以下"不包括本数。

《生产安全事故报告和调查处理条例》
宣传教育读本

【法条详解】

本条是关于生产安全事故等级划分的规定。

问题1：为什么要制定事故等级划分的补充性规定？

按照《条例》的规定，事故一般分为特别重大事故、重大事故、较大事故和一般事故四个等级。

由于生产经营活动涉及众多行业和领域，各个行业和领域事故的情况都有各自的特点，发生事故的情形比较复杂，差别也比较大，很难用一个标准来划分各个行业或者领域事故的等级。

多年来，消防、民用航空、铁路交通等领域实际上都执行了不完全相同的事故等级划分标准。例如，飞机相撞或者坠落，即使未造成人员伤亡或者人员伤亡数量很少，也可能被确定为特别重大事故。

因此，针对一些行业或者领域事故的实际情况，《条例》还授权国务院安全生产监督管理部门可以会同国务院有关部门，制定事故等级划分的补充性规定。这一规定体现了原则性和灵活性的统一，符合实际情况。这就要求国务院安全生产监督管理部门在《条例》施行后，会同国务院有关部门抓紧研究制定相关行业或者领域事故等级划分的补充性规定，为事故报告和调查处理提供依据。这里所说的制定"补充性规定"应当理解为将《条例》规定的标准作为最低标准。比如，造成30人以上死亡的，必须确定为特别重大事故，但对某些行业或者领域，可以规定造成30人以下死亡的事故也作为特别重大事故。

问题2：怎么理解本条所说的"以上"与"以下"？

本条所说的"以上"包括本数，"以下"不包括本数。比如，10人以上30人以下，实际上是指10人至29人；3人以上10人以

第一章 总则

下，实际上是指 3 人至 9 人。这可能与其他法律、行政法规中所称的"以上""以下"的含义有所不同。因此，《条例》专门对此作出了明确解释。

【小资料】

1991 年颁布施行的《企业职工伤亡事故报告和处理规定》把事故分为一般事故、重大事故、特大事故、特别重大事故 4 级。特大事故、特别重大事故的概念，很多人很容易混淆，区分不开，所以这次事故分类虽然事故级次没有较大变化，过去分为 4 级，现在仍然分为 4 级，但是在用词上取消了原来的特大事故，并且将死亡、重伤、财产损失三种情况都罗列进去。

在事故分类中，需要说明以下几个概念：

1. 重伤

国家专门出台了一个关于重伤认定的标准，即国家质检总局国家标准委，对 1996 年颁布的国家标准进行了修订，重新颁布了国家标准 GB/T 16180—2006，《劳动能力鉴定职工工伤与职业病致残等级》，该标准从 2007 年 5 月 1 日起实施，跟通常医学上的界定是有差异的，所以不能以一般医学鉴定为主，要依据国家的关于生产安全事故重伤认定的办法为准。

2. 关于经济损失的计算

伤亡事故经济损失计算方法和标准按照 GB 6721—86《企业职工伤亡事故经济损失统计标准》进行计算。不能以通常的估算或者一般的行为习惯进行计算。

3. 依照国家安监总局可以会同国务院有关部门制定事故等级划分的补充性规定

在国务院 493 号令出台后，国家安监总局制定了一个新的标准《重大未遂事故的认定办法和处理规则》，依照这个规则，也要

报告。

4.事故分类中以上包括本数,以下不包括本数。如较大事故,是指造成3人以上10人以下死亡,3人以上包括3人,10人以下不包括10人。

第四节 事故调查处理的原则和任务

【相关法条】

第四条 事故报告应当及时、准确、完整,任何单位和个人对事故不得迟报、漏报、谎报或者瞒报。

事故调查处理应当坚持实事求是、尊重科学的原则,及时、准确地查清事故经过、事故原因和事故损失,查明事故性质,认定事故责任,总结事故教训,提出整改措施,并对事故责任者依法追究责任。

【法条详解】

本条是关于事故报告的总体要求及事故调查处理原则和任务的规定。

问题1:事故调查处理要完成哪些任务?

根据《条例》的规定,事故调查处理的主要任务和内容包括以下几个方面:

1.及时、准确地查清事故经过、事故原因和事故损失

查清事故发生的经过和事故原因,是事故调查处理的首要任务和内容,也是进行下一步工作的基础。事故原因有可能是自然原因,即所谓的"天灾",也有可能是人为原因,即所谓的"人祸",更多情况下则是自然原因和人为原因共同造成的,即所谓的"三分

天灾，七分人祸"。无论什么原因，都要予以查明。事故损失主要包括事故造成的人身伤亡和直接经济损失，这是确定事故等级的依据。查清事故经过、事故原因和事故损失，重在及时、准确，不能久查不清或者含含糊糊，似是而非。

2. 查明事故性质，认定事故责任

事故性质是指事故是人为事故还是自然事故，是意外事故还是责任事故。查明事故性质是认定事故责任的基础和前提。如果事故纯属自然事故或者意外事故，则不需要认定事故责任。如果是人为事故和责任事故，就应当查明哪些人员对事故负有责任，并确定其责任。事故责任有直接责任，也有间接责任；有主要责任，也有次要责任。此外，对政府及其有关部门的负责人来说，还有领导责任。

3. 总结事故教训，提出整改措施

安全生产工作的根本方针是安全第一、预防为主、综合治理。通过查明事故经过和事故原因，发现安全生产管理工作的漏洞，从事故中总结血的经验教训，并提出整改措施，防止今后类似事故再次发生，这是事故调查处理的重要任务和内容之一，也是事故调查处理的最根本目的。

4. 对事故责任者依法追究责任

生产安全事故责任追究制度是我国安全生产领域的一项基本制度。《安全生产法》明确规定，国家实行生产安全事故责任追究制度。结合对事故责任的认定，对事故责任人分别提出不同的处理建议，使有关责任者受到合理的处理，包括给予党纪处分、行政处分或者建议追究相应的刑事责任。这对于增强有关人员的责任心、预防事故再次发生，具有重要意义。

以上规定较好地体现了事故调查处理的"四不放过"原则，即事故原因不查清不放过，防范措施不落实不放过，职工群众未受到

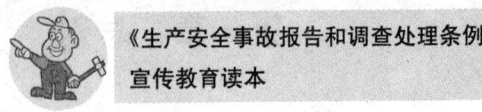

教育不放过,事故责任者未受到处理不放过。

问题2:事故调查处理应当坚持什么原则?

事故调查处理是一项比较复杂的工作,涉及方方面面的关系,同时又具有很强的科学性和技术性。要搞好事故调查处理工作,必须有正确的原则作指导。

1. 实事求是的原则

这一原则有以下几个方面的含义:

一是必须全面、彻底查清生产安全事故的原因,不得夸大或缩小事实,不得弄虚作假。

二是一定要从实际出发,在查明事故原因的基础上明确事故责任。

三是提出处理意见要实事求是,不得从主观出发,不能感情用事,要根据事故责任划分,按照法律、法规和国家有关规定对事故责任人提出处理意见。

四是总结事故教训、落实事故整改措施要实事求是,总结教训要准确、全面,落实整改措施要坚决、彻底。

2. 尊重科学的原则

尊重科学,是事故调查处理工作的客观规律。生产安全事故的调查处理具有很强的科学性和技术性,特别是事故原因的调查,往往需要做很多技术上的分析和研究,利用很多技术手段。尊重科学有以下两方面的含义:

一是要有科学的态度,不主观臆想,不轻易下结论,防止个人意识主导,杜绝心理偏好,努力做到客观、公正。

二是要特别注意充分发挥专家和技术人员的作用,把对事故原因的查明,事故责任的分析、认定,建立在科学的基础上。

问题3:对事故报告的总体要求是什么?

事故报告应当及时、准确、完整,任何单位和个人对事故不得

第一章 总则

迟报、漏报、谎报或者瞒报,这是《条例》对事故报告提出的总体要求。这一规定是根据实践中事故报告存在的主要问题作出的,具有很强的现实针对性。

　　事故发生后,及时、准确、完整地报告事故,对于及时有效地组织事故救援、减少事故损失、顺利开展事故调查,具有非常重要的意义。实践中,一些单位和个人,包括事故发生单位有关人员、地方政府、有关部门及其工作人员在事故发生后,不及时报告事故,或者漏报、谎报、瞒报事故的情况时有发生。有的采取破坏现场、销毁证据甚至转移尸体等恶劣手段;有的不负责任,造成迟报、漏报;有的则是为了逃避事故责任追究,故意谎报或瞒报。无论什么原因,无论什么人,这种行为都是不允许的。针对实践中事故报告存在的主要问题,《条例》从正反两方面,对事故报告提出了上述总体要求。

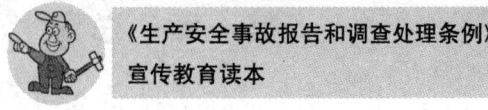

第五节 政府职责

【相关法条】

第五条 县级以上人民政府应当依照本条例的规定,严格履行职责,及时、准确地完成事故调查处理工作。

事故发生地有关地方人民政府应当支持、配合上级人民政府或者有关部门的事故调查处理工作,并提供必要的便利条件。

参加事故调查处理的部门和单位应当互相配合,提高事故调查处理工作的效率。

【法条详解】

本条是关于政府在事故调查处理中的职责及参加事故调查处理的部门互相配合的规定。

问题1:县级以上人民政府具体指什么?

这里所说的"县级以上人民政府",包括县级人民政府本身、设区的市级人民政府、省级人民政府,以及中央人民政府即国务院。

问题2:县级以上人民政府在事故调查处理中的职责都有哪些?

在事故调查处理中,县级以上人民政府的主要职责有两项:

1. 负责组织事故调查

对于事故调查处理,本《条例》坚持了"政府领导、分级负责"的原则。除法律、行政法规或者国务院另有规定外,事故按照不同的级别,分别由县级以上人民政府或者其授权的部门组织事故调查组进行调查。这与其说是一项权利,不如说是一项义务或者职责。无论是直接组织事故调查组，还是授权有关部门组织事故调查组进行调查，组织事故调查的职责都属于县级以上各级人民政府。有关人民政府在接到事故报告后，应当按照本《条例》的规定，及时组织有关部门成立事故调查组，或者授权有关部门及时组织事故调查组，尽快开展事故调查工作。有关人民政府还应当指定事故调查组组长，负责领导事故调查组的工作。在事故调查中，有关人民政府应当加强指导，确保事故调查组能够在规定的期限内，顺利完成事故调查，提出事故调查报告。

2. 及时作出事故批复

事故调查组向负责组织事故调查的有关人民政府提出事故调查报告后，事故调查工作即告结束。有关人民政府应当按照《条例》规定的期限，及时作出批复，并督促有关机关、单位落实事故批复，包括对生产经营单位的行政处罚、对事故责任人行政责任的追究、整改措施的落实等。在批复中，有关人民政府要严格把关，特别是要保证对事故责任人的追究做到严肃、公正、合法。

问题3：事故发生地有关地方人民政府具体指什么？

这里所称的"有关地方人民政府"，包括乡镇人民政府、县级人民政府、设区的市级人民政府和省级人民政府。

问题4：事故发生地有关地方人民政府应怎样支持、配合上级人民政府或者有关部门的事故调查处理工作？

无论是上级人民政府直接组织事故调查组进行事故调查，还是有关部门受政府委托组织事故调查组进行事故调查，事故发生地有关地方人民政府都应当予以支持、配合。事故发生地有关地方人民政府通常要做到以下几个方面：

1. 按照上级人民政府或者有关部门的要求，及时指定人员参加事故调查组。

2. 采取有效措施保护事故现场，防止破坏现场、销毁证据等

行为发生,对需要采取强制措施的事故责任人员及时控制,防止其逃匿或者转移资金、财产等。

3. 为事故调查组提供调查所需的有关情况信息,包括事故发生单位及其有关人员的情况和信息、有关部门的监管情况和监管信息等。

4. 协助做好事故伤亡人员的赔偿、家属安抚等工作,确保当地社会秩序稳定。

5. 根据上级人民政府依法作出的事故批复,落实或者督促有关部门落实对事故发生单位及其有关部门人员的行政处罚,对事故责任人员予以处分,督促有关部门对事故发生单位落实整改措施的情况进行监督检查。

此外,事故发生地有关人民政府还应当为上级人民政府或者有关部门的事故调查处理提供必要的便利条件(包括交通、办公场所等),为事故调查处理创造有利的环境。

问题5:参加事故调查处理的部门和单位应当怎样配合?

事故调查处理,关键是要做到客观、公正、高效。依照本《条例》的规定,事故调查组是由多个部门和单位共同派人组成的。因此,要顺利地开展工作,提高事故调查处理的效率,参加事故调查处理的有关部门就必须要有全局意识、大局意识和高度的工作责任心,互相配合,严格履行各自的职责,不能互相扯皮,不能互相推诿。

第六节 工会的权利

【相关法条】

第六条 工会依法参加事故调查处理,有权向有关部门提出处理意见。

第一章　总则

【法条详解】

本条是关于工会参加事故调查处理及工会的权利的规定。

问题1：工会怎么维护职工在安全生产方面的合法权益？

1. 生产经营单位违反劳动法律、法规规定，不提供劳动安全卫生条件的，工会应当代表职工与生产经营单位交涉，要求生产经营单位采取措施予以改正；生产经营单位应当予以研究处理，并向工会作出答复。生产经营单位拒不改正的，工会可以请求当地人民政府作出处理。

2. 新建或者扩建工程时，针对劳动条件和安全卫生设施与主体工程，生产经营单位需要同时设计、同时施工、同时投产使用，工会依照国家规定对这"三同时"进行监督。对工会提出的意见，生产经营单位应当认真处理，并将处理结果书面通知工会。

3. 工会发现生产经营单位违章指挥、强令工人冒险作业，或者生产过程中发现明显重大事故隐患和职业危害时，有权提出解决问题的建议，生产经营单位应当及时研究答复；发现危及职工生命安全的情况时，工会有权向生产经营单位建议组织职工撤离危险现场，生产经营单位必须及时作出处理决定。

4. 工会有权对生产经营单位侵犯职工合法权益的问题进行调查，有关单位应当予以协助。

5. 涉及从业人员因工伤亡事故和其他严重危害从业人员健康问题的调查处理，必须有工会参加。工会应当向有关部门提出处理意见，并有权要求追究直接负责的主管人员和有关部门负责人员的责任。对工会提出的意见，有关部门应当及时研究，给予答复。当然，工会有权向有关部门提出关于事故处理的意见，是指在查清事故原因、分清事故责任的基础上，要求追究有关人员的责任。

为了落实工会参与事故到场处理的规定，《条例》有关条款明确规定事故调查组的组成单位包括工会，而且工会属于"常务会员单位"。

【小资料】

事故调查处理是安全生产的重要环节，工会参加事故调查处理，是其法定权利。《安全生产法》《工会法》等法律对此都作了规定。《安全生产法》第七条规定："工会依法对安全生产工作进行监督。生产经营单位的工会依法组织职工参加本单位安全生产工作的民主管理和民主监督，维护职工在安全生产方面的合法权益。生产经营单位制定或者修改有关安全生产的规章制度，应当听取工会的意见。"

第一章 总则

第七节 事故报告和依法调查

【相关法条】

第七条 任何单位和个人不得阻挠和干涉对事故的报告和依法调查处理。

【法条详解】

本条是关于对事故报告和依法调查处理不受阻挠和干涉的规定。

问题1：本条的意义是什么？

依法对事故进行调查处理，对于查明事故原因、明确事故责任、落实事故责任追究、总结事故经验教训、完善事故防范措施、防止事故再次发生，都具有十分重要的意义，是安全生产工作一个不可或缺的环节。为了保证事故调查处理的顺利进行，必须从制度上排除一切干扰和阻力。《安全生产法》第七十五条规定："任何单位和个人不得阻挠和干涉对事故的依法调查处理。"因此，本条明确规定，任何单位和个人不得阻挠和干涉对事故的依法调查处理。

问题2：对事故依法调查处理的阻挠和干涉，有哪些形式？应该怎样处理？

实践中，阻挠、干涉对事故的依法调查处理，可以表现在多个环节。比如，阻挠和干涉事故调查组的组成；阻挠和干涉事故调查的过程，包括故意破坏事故现场或者转移、隐匿有关证据，无正当理由拒绝接受事故调查组的询问，或者拒绝提供有关情况和资料，或者作伪证、提供虚假情况，或者为事故调查设置障碍；干涉对事故性质的认定或者事故责任的确定；阻挠和干涉对有关事故责任人

员进行处理等。

对阻挠、干涉依法调查处理事故的单位和个人，必须依法严肃处理。构成犯罪的，依法追究刑事责任；不构成犯罪的，依法给予行政处罚或者处分。

问题3：怎样理解本条中的"依法"二字？

需要强调"依法"二字，也就是说，依法进行的事故调查处理不受阻挠和干涉。如果事故调查处理不合法，比如事故调查组的组成不合法、事故调查的程序不合法、对事故责任人的处理不符合法律规定等，有关方面可以提出意见，有关人民政府或者有关机关也可以要求纠正。这些都不属于阻挠和干涉对事故的依法调查处理。

问题4：对事故的报告进行阻挠和干涉都有哪些形式？应该怎样处理？

所谓阻挠和干涉对事故的报告，既包括不允许他人报告事故、要求他人不要报告事故或者不如实报告事故，也包括为他人报告事故设置障碍等情形，具体方法和手段可能表现为强制命令、威逼利诱及通过事故行为设置障碍等，可以是明示，也可以是暗示或者授意别人进行。

实践中，阻挠和干涉对事故报告的，一般不是普通职工和群众，而往往是事故发生单位的主要负责人及有关主管人员，或者是地方政府、有关部门及其有关人员等。这些单位和个人阻挠和干涉事故报告的目的，大都是为了隐瞒事故真相，逃避事故责任追究。同时，这些单位和个人由于地位较为特殊，也有能力阻挠和干涉对事故的报告，极有可能对事故报告产生较大的消极影响，甚至导致事故被谎报或者瞒报。因此，为了保证事故报告做到及时、准确、完整，明确规定任何单位和个人不得阻挠和干涉对事故的报告是非常必要的。违反该规定的，应当依法承担相应的法律责任。

第一章　总则

第八节　单位和个人的权利

【相关法条】

第八条　对事故报告和调查处理中的违法行为,任何单位和个人有权向安全生产监督管理部门、监察机关或者其他有关部门举报,接到举报的部门应当依法及时处理。

【法条详解】

本条是关于单位和个人向有关部门举报事故调查和处理中的违法行为的权利及有关部门应当依法及时处理的规定。

问题1：事故报告和调查处理中的违法行为有哪些？

事故报告和调查处理中的违法行为,包括事故发生单位及其有关人员的违法行为,还包括政府、有关部门及其有关人员的违法行为,其种类主要有以下几种：

1. 迟报、漏报、谎报或者瞒报事故。

2. 伪造或者故意破坏事故现场。
3. 转移、隐匿资金、财产，或者销毁有关证据、资料。
4. 事故调查处理期间擅离职守。
5. 拒绝接受调查或者拒绝提供有关情况和资料。

第一章 总则

6. 在事故调查中作伪证或者指使他人作伪证。
7. 事故发生后逃匿。
8. 阻碍、干涉事故调查工作。
9. 对事故调查工作不负责任,致使事故调查工作有重大疏漏。
10. 包庇、袒护负有事故责任的人员或者借机打击报复。
11. 故意拖延或者拒绝落实经批复的对事故责任人的处理意见等。

问题2:哪些部门受理举报?

1. 安全生产监督管理部门

安全生产监督管理部门作为我国安全生产工作的综合监督管理部门,有关单位和个人可以向属地政府安全生产监督管理局举报事故报告和调查处理中的违法行为。

2. 监察机关

根据《行政监察法》第二条的规定,监察机关是人民政府行使监察职能的机关。可属于监察机关监察对象的单位和个人,包括地方人民政府、有关部门及其工作人员。若其在事故报告和调查处理中有违法行为,单位和个人可以向监察机关举报。

3. 其他有关单位

其他有关单位,是指安全生产监督管理部门以外的其他负有安全生产监督管理职责的部门,主要有:公安机关,煤矿安全监察机构,建筑行政部门,铁路、民航、交通部门,特种设备安全监察部门,电力监管部门等。

问题3:有关部门对于违法行为举报应当怎么处理?

1. 对于举报人

实践中,要特别重视生产经营单位内部有关管理人员和从业人员的举报。他们处在生产经营第一线,对本单位存在的违法行为最为了解,其举报具有十分重要的价值。同时,也要鼓励其他单位和

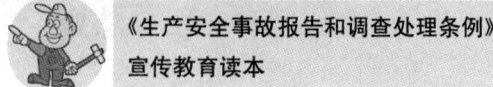

个人的举报。他们通常与被举报单位没有直接利益关系,能摆脱生产经营单位内部人员的局限性,从而提供重要的线索。

此外,《安全生产法》第七十三条规定:"县级以上各级人民政府及其有关部门对举报重大事故隐患或者举报安全生产违法行为的有功人员,给予奖励。"

2. 对于举报内容

举报的内容应当真实,不得捏造违法行为,诬告、陷害有关单位和人员。对有诬告、陷害行为的,将依法追究法律责任。当然,实践中要注意错误举报和诬告、陷害的区别。

3. 对于举报的受理

对于举报的事实线索比较明确,又属于本部门职责范围的,受理举报的部门应当及时进行调查。违法行为经查证属实的,依法给予行政处罚或者处分;构成犯罪的,移送司法机关依法追究刑事责任。

对不属于本部门职责范围的举报,应当及时移交有权处理的部门。

受理举报的部门还应当为举报人保密。

第二章 事故报告

第一节 报告事故

**【相关法条】**

第九条 事故发生后,事故现场有关人员应当立即向本单位负责人报告;单位负责人接到报告后,应当于1小时内向事故发生地县级以上人民政府安全生产监督管理部门和负有安全生产监督管理职责的有关部门报告。

情况紧急时,事故现场有关人员可以直接向事故发生地县级以上人民政府安全生产监督管理部门和负有安全生产监督管理职责的有关部门报告。

《生产安全事故报告和调查处理条例》
宣传教育读本

一定要在1小时内汇报。

我是×××厂的厂长,我厂二车间发生氯气泄漏事故!

【法条详解】

本条是关于事故现场有关人员和单位负责人报告事故的规定。

问题1:本条中的"事故现场有关人员""单位负责人""安全生产监督管理部门"和"负有安全生产监督管理职责的有关部门"分别指的哪些人?

"有关人员"主要是指事故发生单位在事故现场的有关工作人员,既可以是事故的负伤者,也可以是在事故现场的其他工作人员;在发生人员死亡和重伤无法报告,且事故现场又没有其他工作人员时,任何首先发现事故的人都负有立即报告事故的义务。

"单位负责人"可以是事故发生单位的主要负责人,也可以是事故发生单位主要负责人以外的其他分管安全生产工作的副职领导或其他负责人。根据企业的组织形式,主要负责人可以是公司制企业的董事长、总经理、首席执行官或者其他实际履行经理职责的企业负责人,也可以是非公司制企业的厂长、经理、矿长等企业行政"一把手"。

第二章 事故报告

以上两种人有报告事故的义务。由于事故报告的紧迫性，现场有关人员只要将事故报告到事故单位的指挥中心（如调度室、监控室）即可。

"安全生产监督管理部门"是指国家安全生产监督管理总局和各级安全生产监督管理局。

"负有安全生产监督管理职责的有关部门"一般是指生产经营单位的行业管理机关和负有专业监督管理职责的部门。例如交通事故，交通部门是行业主管部门，交警支队是行业监管部门。对行车事故来说，除了企业的主管部门外，还有质量技术监管部门。所以，总的来说，负有安全生产监督管理职责的有关部门指行业管理部门和企业的主管机关。

问题2：为什么要制定"1小时"的限制性规定？

正确理解单位负责人报告事故的"1小时"限制性规定。本《条例》第四条明确了事故报告应当及时，这是报告事故的原则性规定。在现代通信技术比较发达的条件下，作出"1小时"限制性规定是较为切合实际的，既能保证事故单位采取相关应急措施，又能保证安全生产监督管理部门和其他负有安全生产监督管理职责的有关部门较快地获取事故的相关情况。

问题3：什么是双报告制度？

明确事故单位负责人既有向县级以上人民政府安全生产监督管理部门报告的义务，又有向负有安全生产监督管理职责的有关部门报告的义务，即事故报告是两条线，实行双报告制。这是由我国现行的综合监管与专项监管相结合的安全生产管理体制决定的。

在一般情况下，事故现场有关人员应当向本单位负责人报告事故，但是，事故是人命关天的大事，应当在情况紧急时，允许事故现场有关人员直接向安全生产监督管理部门和负有安全生产监督管理职责的有关部门报告。至于"情况紧急"应该作较为灵活的理

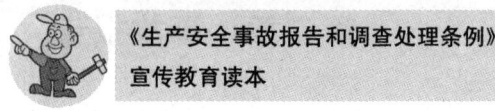

解，比如事故单位负责人联系不上、事故重大需要政府部门迅速调集救援力量等情形。对于负有安全生产监督管理职责的部门和具体工作人员来说，只要接到事故现场有关人员的报告，不论是否属于"情况紧急"，都应当立即赶赴现场，并积极组织事故救援。

【小资料】

本条与《安全生产法》第八十条的区别

《安全生产法》第八十条规定："生产经营单位发生生产安全事故后，事故现场有关人员应当立即报告本单位负责人。单位负责人接到事故报告后，应当迅速采取有效措施，组织抢救，防止事故扩大，减少人员伤亡和财产损失，并按照国家有关规定立即如实报告当地负有安全生产监督管理职责的部门，不得隐瞒不报、谎报或者迟报，不得故意破坏事故现场、毁灭有关证据。"

本条是对《安全生产法》第八十条规定的继承和发展，主要表现在：

1. 明确事故发生后，事故现场有关人员应当立即报告本单位负责人。

2. 明确规定了单位负责人接到事故报告后，应当报告当地政府安全生产监督管理部门和负有安全生产监督管理职责的有关部门。

3. 对单位负责人报告事故作出了"1小时"的严格时间限制。

4. 规定了事故现场有关人员在紧急情况下可以直接向安全生产监督管理部门和负有安全生产监督管理职责的有关部门报告。

规定事故报告时间界限的原因

1. 无论是《刑法》还是《条例》，包括安全生产领域党纪处分和政纪处分的规定，已经加大了对生产安全事故瞒报、漏报、迟报、谎报等事故的处罚力度，这样就需要一个非常严密的事故报告

第二章　事故报告

时间的规定来确定其基本原则，也便于在整个事故报告过程中准确把握。

2.《条例》在过去的基础上进行了完善。《特别重大事故调查程序暂行规定》里有3个时间界限，只有终点，没有起点，也没有合理地划分每一级占用的时间、级次。一般事故应在24小时内报至省级安监部门；重大事故应在12小时内报至国家安监总局；特别重大事故应在6小时内报至国务院。因为对有些环节报告时间没有具体要求，例如从县级报告到市级，再从市级报告到省级都没有具体严格的时间要求，这样就造成了事故报告的极大延迟，也无法界定各自的职责。所以，《条例》做了很大的调整。

事实上，我国很早就有立法规范事故报告制度。国务院最早在1956年5月25日就颁布了《工人职员伤亡事故报告规程》，后又于1991年2月22日颁布了《企业职工伤亡事故的报告和处理规定》，具体规定了有关程序。在此之前，国务院1989年3月29日公布的《特别重大事故调查程序暂行规定》中就特别重大事故的报告也有规定。

第二节　上报事故

【相关法条】

第十条　安全生产监督管理部门和负有安全生产监督管理职责的有关部门接到事故报告后，应当依照下列规定上报事故情况，并通知公安机关、劳动保障行政部门、工会和人民检察院：

（一）特别重大事故、重大事故逐级上报至国务院安全生产监督管理部门和负有安全生产监督管理职责的有关部门；

（二）较大事故逐级上报至省、自治区、直辖市人民政府安全生产监督管理部门和负有安全生产监督管理职责的有关部门；

(三)一般事故上报至设区的市级人民政府安全生产监督管理部门和负有安全生产监督管理职责的有关部门。

安全生产监督管理部门和负有安全生产监督管理职责的有关部门依照前款规定上报事故情况,应当同时报告本级人民政府。国务院安全生产监督管理部门和负有安全生产监督管理职责的有关部门以及省级人民政府接到发生特别重大事故、重大事故的报告后,应当立即报告国务院。

必要时,安全生产监督管理部门和负有安全生产监督管理职责的有关部门可以越级上报事故情况。

【法条详解】

本条是关于安全生产监督管理部门和负有安全生产监督管理职责的有关部门接到事故报告后上报事故并通知有关部门的规定。

问题1:为什么要两条线上报?

安全生产监督管理部门和负有安全生产监督管理职责的有关部门接到事故报告后,应当按照规定向上级安全生产监督管理部门和负有安全生产监督管理职责的有关部门报告事故情况,同样是两条线报告制度。

1. 这是由安全生产分级管理的体制决定的。一般来说,各级安全生产监督管理部门和负有安全生产监督管理职责的有关部门负责本行政区域内的安全生产工作,同时,指导、协调、监督下级安全生产监督管理部门和负有安全生产监督管理职责的有关部门的工作。

2. 这是由不同等级事故调查处理职责分工决定的。事故报告和调查处理是紧密相连的两个环节,在职权的划分上需要密切衔接。本条是与《条例》第十九条相呼应的。

第二章 事故报告

3.这是上级安全生产监督管理部门和负有安全生产监督管理职责的有关部门及时掌握事故信息,快速开展应急救援工作的需要。尽管事故发生后,有关部门接到报告都应当迅速赶赴事故现场,组织应急救援工作,但是,实际工作中往往存在事故是否会进一步扩大、伤亡人数无法确定等情况,这就需要向上级安全生产监督管理部门和负有安全生产监督管理职责的有关部门报告,以便集中力量开展应急救援和相应等级的事故调查工作。

问题2:安全生产监督管理部门和负有安全生产监督管理有关部门上报事故时,应当还要通知其他哪些部门和单位?为什么?

1.应当通知公安部门

为及时有效打击安全生产犯罪行为,应当及时通知公安机关,以便公安机关迅速开展调查取证工作及对犯罪嫌疑人采取措施,防止其逃匿,同时维护事故现场秩序,保护事故现场;对逃匿的,由公安机关迅速追捕归案。

2.应当通知人力资源和社会保障部门

比如,工伤事故的认定主要由人力资源和社会保障部门负责。从实际情况看,生产安全事故大多属于工伤事故,且往往直接涉及工伤认定和工伤保险赔偿等一系列具体问题。因此,人力资源和社会保障部门有必要及时获知事故及人员伤亡的有关情况的信息。

3.应当通知工会

工会作为工人权益的代表,不仅在平时要主动维护工人权益,而且在事故发生后更要掌握情况,积极参与事故调查,充分发挥工人权益维护者的作用。

4.应当通知人民检察院

现实表明,在一些重特大事故的背后往往存在官商勾结、权钱交易的现象,为打掉事故背后的"保护伞",应当通知人民检察院,以便其及时介入事故调查,为职务犯罪的侦查做好相应准备。

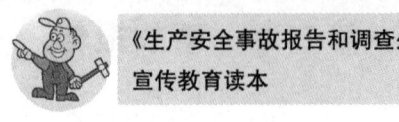
《生产安全事故报告和调查处理条例》宣传教育读本

问题3：各级安全生产监督管理部门和负有安全生产监督管理职责的有关部门上报事故时，为什么还要同时报告本级人民政府？

作为政府的组成部门，安全生产监督管理部门和负有安全生产监督管理职责的有关部门向本级政府报告事故情况是行政管理体制的基本要求。同时，《条例》第三章明确了县级以上人民政府直接组织事故调查的原则。因为，要求有关部门向本级人民政府报告事故情况是十分必要的。

问题4：为什么必要时可以越级上报事故？

作为一部应对特别事件的行政法规，条例必须充分考虑到各种可能性，应当在必要时突破一般情况下行政管理的层级限制，允许越级上报事故。这样才能体现原则性和灵活性相结合的原则，符合实际情况。

【小资料】

事故报告的单位和部门

《条例》规定，事故现场的有关人员向本单位负责人报告；单位负责人向安监部门和负有安全生产监督管理职责的部门报告，也就是向县级以上安全生产监督管理部门和负有安全生产监督管理职责的有关部门报告。

需要说明的是，事故发生后首先要向当地安全生产监督管理部门报告，由安监部门通知公安机关、劳动保障行政部门、工会、人民检察院，并向同级人民政府报告。

第三节　时间要求

【相关法条】

第十一条　安全生产监督管理部门和负有安全生产监督管理职

第二章　事故报告

责的有关部门逐级上报事故情况,每级上报的时间不得超过 2 小时。

【法条详解】

本条是关于安全生产监督管理部门和负有安全生产监督管理职责的有关部门逐级上报事故的时间要求的规定。

问题 1：怎样理解"每级上报的时间不得超过 2 小时"?

本条关于事故上报时间的要求,核心词语是"2 小时"。"2 小时"的起点是指接到下级部门报告的时间。以特别重大事故的报告为例,取报告时限要求的最大值计算,从单位负责人报告县级管理部门,再由县级管理部门报告市级管理部门、市级管理部门报告省级管理部门、省级管理部门报告国务院管理部门,最后报至国务院,所需时间为 9 小时。

上报事故的首要原则是及时。之所以作出这样限制性的时间规定,是因为快速上报事故,有利上级部门及时掌握情况,迅速开展应急救援工作;有利于快速、妥善安排事故的善后工作;有利于及时向社会公布事故的有关情况,正确引导社会舆论。

第四节　报告内容

【相关法条】

第十二条　报告事故应当包括下列内容:

(一) 事故发生单位概况;

(二) 事故发生的时间、地点以及事故现场情况;

(三) 事故的简要经过;

(四) 事故已经造成或者可能造成的伤亡人数(包括下落不明

的人数）和初步估计的直接经济损失；

（五）已经采取的措施；

（六）其他应当报告的情况。

【法条详解】

本条是关于报告事故应该包括的内容的规定。

问题1：事故报告应当包括哪些具体内容？

1. 事故发生单位概况

事故发生单位概况应当包括单位的全称、所处地理位置、所有制形式和隶属关系、生产经营范围和规模、持有各类证照的情况、单位负责人的基本情况以及近期的生产经营状况等。当然，这些只是一般性要求，对于不同行业的企业，报告的内容应该根据实际情况来确定，但应当以全面、简洁为原则。

2. 事故发生的时间、地点以及事故现场情况

报告事故发生的时间应当具体，并尽量精确到分钟。报告事故发生的地点要准确，除事故发生的中心地点外，还应当报告事故所波及的区域。报告事故现场的情况应当全面，不仅应当报告现场的总体情况，还应当报告现场人员的伤亡情况、设备设施的毁损情况；不仅应当报告事故发生后的现场情况，还应当尽量报告事故发生前的现场情况，以便于前后比较，分析事故原因。

3. 事故的简要经过

事故的简要经过是对事故全过程的简要叙述。核心要求在于"全"和"简"。"全"是要全过程描述，"简"是要简单明了。需要强调的是，对事故经过的描述应当特别注意事故发生前作业场所有关人员和设备设施的一些细节，因为这些细节可能就是引发事故的重要原因。

第二章 事故报告

4. 事故已经造成或者可能造成的伤亡人数（包括下落不明的人数）和初步估计的直接经济损失

对于人员伤亡情况的报告，应当遵守实事求是的原则，不进行无根据的猜测，更不能隐瞒实际伤亡人数，对可能造成的伤亡人数，要根据事故单位当班记录，尽可能准确报告。对直接经济损失的初步估算，主要指事故所导致的建筑物的毁损、生产设备设施和仪器仪表的损坏等。

5. 已经采取的措施

已经采取的措施主要是指事故现场有关人员、事故单位责任人、已经接到事故报告的安全生产管理部门为减少损失、防止事故扩大和便于事故调查所采取的应急救援和现场保护等具体措施。

6. 其他应当报告的情况

这是报告事故应当包括内容的兜底条款。对于其他应当报告的情况，根据实际情况具体确定。需要特别指出的是，条例制定时考虑到事故原因往往需要进一步调查之后才能确定，为谨慎起见，没有将其列入应当报告的事项。但是，对于能够初步判定事故原因的，还是应当进行报告。

事故现场有关人员需要准确报告事故的时间、地点、人员伤亡的大体情况，事故单位负责人需要报告事故的简要经过、人员伤亡和损失情况以及已经采取的措施等，安全生产监督管理部门和负有安全生产监督管理职责的有关部门向上级部门报告事故情况需要严格按照本条规定进行报告。

第五节 事故补报

【相关法条】

第十三条 事故报告后出现新情况的，应当及时补报。

《生产安全事故报告和调查处理条例》
宣传教育读本

　　自事故发生之日起 30 日内,事故造成的伤亡人数发生变化的,应当及时补报。道路交通事故、火灾事故自发生之日起 7 日内,事故造成的伤亡人数发生变化的,应当及时补报。

第二章 事故报告

【法条详解】

本条是关于事故补报的规定。

问题 1：为什么需要对事故进行补报？对补报的时间要求都有哪些？

事故发生后的一定时期内，往往会出现一些新情况，尤其是伤亡人数和直接经济损失会发生一些变化。为了规范事故的补报工作，条例特别对应当补报的新情况和补报时限进行了明确规定，并且对一些特定领域事故新情况的补报期限作了特别规定。

问题 2：怎样理解"30 日"和"7 日"这两个时间点？

本条规定，事故伤亡人数自事故发生之日起 30 日内发生变化的应当及时补报。作出 30 日的规定，能使安全生产监督管理部门和负有安全生产监督管理职责的有关部门更加合理地安排救援和善后等相关工作，同时也有利于事故受害者及其家属权益的保护。

本条对道路交通事故、火灾事故伤亡人数发生变化的补报时限作出"自发生之日起 7 日内"的规定，主要是为了与行业现有规定相衔接。

问题 3：直接经济损失的情况发生变化而需要补报时，怎么办？

值得注意的是，对于直接经济损失的情况发生变化而需要补报时，其统计按照国家安全生产监督管理总局《关于加强生产安全事故经济损失统计工作的通知》的规定执行，即工矿商贸企业事故（含非伤亡事故）直接经济损失按照 GB 6721—86《企业职工伤亡事故经济损失统计标准》进行统计，其他行业和领域事故直接经济损失按照有关部门制定的统计标准进行统计。

 【小资料】

在事故报告过程中应当处理好的几个问题

1. 应当及时组织抢救

生产经营单位在事故发生后应当启动事故应急救援预案，及时组织进行抢救。事故发生地的人民政府、安监和有关部门接到事故报告后，应当立即赶赴事故现场组织抢救，没有滞留时间。

2. 有关单位和人员不得破坏事故现场，毁灭相关证据

《条例》要求企业或单位在进行事故抢险救援的过程中对现场和证据有保护的责任，如果因为要疏通交通，防止事故扩大，抢险人员等其他事故应急救援需要对相关的物件、现场和资料进行提取和使用的，应当作出标志、绘制现场简图、作出书面记录，保存重要的痕迹和物证，包括摄影和摄像。

3. 进一步加强事故终结报告的完整性

在实际工作中，除了完整报告《条例》规定的6个方面的内容外，实际上还应当增加两方面内容：

（1）政府有关部门和领导到达现场以后，指挥应急救援的情况在事故终结报告中应当予以体现。这个部分的内容在《条例》第十四、十五条里有要求。

（2）涉及人员伤亡的情况，包括善后处理的情况、对受伤人员的医疗救治的情况及伤亡级次的确定，在事故终结报告里要予以确切描述，不能用受伤等模糊的概念或者一般的经验对伤亡进行描述。

4. 事故报告必须客观、准确

（1）我们在过去报告中只是强调死亡、受伤、轻伤等人身伤亡情况，对财产损失不怎么报告，而在《条例》中增加了报告财产损失的内容。

第二章 事故报告

（2）为了更加准确描述事故发生的过程和动态，对没有找到遇难人员尸体以前应当按失踪进行报告。

（3）有些事故，人员先是受伤，后来死亡的情况。过去我们没有法规规定，只是以事故抢险救援结束后，以当时的死伤情况为事故报告的死亡情况。在新《条例》中，对这种情况作了明确的规定，生产安全事故受伤人员30日内死亡的，要记入本次事故，按事故进行报告。道路交通、火灾事故，7日内死亡的要进行补充报告。

事故报告的内容

《条例》的第十二、十三条作了一般性规定。在实际工作中，事故报告大致有三个过程：第一个过程是事故的初次报告；第二个过程是事故的中间报告；第三个过程是事故的终结报告。这三个过程有时候可以一次完成，有时候也可以两次完成，有时候三次甚至多次才能最终完成事故报告。

按照事故报告的规定，事故报告应该提供的内容有六个部分，而这六部分内容应当是事故终结报告才能完整体现的内容，但是在事故发生当时，并不能全面和完整地了解现在《条例》所规定的内容，所以在实际操作过程中，可将事故报告分为三个报告来完成。

第一个是初次报告，初次报告的内容包括事故发生的时间、地点、单位和人员伤亡的初步情况，包括下落不明人数。因为我们在接到事故报告时，我们只知道事故大致情况，对抢险过程等情况不清楚，事故报告又有时间的限定，所以在很短的时间中将事故描述得很细致是很难的。这样，事故发生的地点、时间、单位、事故性质和简要的伤亡情况这五个要素说清楚就可以实现事故的初步报告。

第二个是事故的中间报告，事故的中间报告比较复杂，也不好把握和界定。一般来说，事故抢险有关人员到达现场后，进一步对

事故发生的情况进行了解,包括伤亡情况的变化、抢险救援过程中的变化、有关抢险救援过程中组织情况的变化等,所有在初次报告后发生的变化都应当及时报告,这个过程中产生的报告都是事故的中间报告,可以是一次,也可以是多次,要根据事故应急救援的情况而定。

在事故抢险救险结束后,按照《条例》六个方面的内容,提供一个事故终结报告。全面反映事故的整体情况,事故报告才能最后终结。

第六节 应急抢救

【相关法条】

第十四条 事故发生单位负责人接到事故报告后,应当立即启动事故相应应急预案,或者采取有效措施,组织抢救,防止事故扩大,减少人员伤亡和财产损失。

第二章 事故报告

【法条详解】

本条是关于事故单位责任人组织应急抢救工作的规定。

问题1：事故发生后，事故发生单位负责人应当做什么？

立即启动相关应急预案，采取有效处置措施，开展先期应急工作，控制事态发展，并按规定向有关部门报告。对危险化学品泄漏等可能对周边群众和环境产生事故，生产经营单位应在向地方政府和有关部门报告的同时，及时向可能受到影响的单位、职工、群众发出预警信息，标明危险区域，组织、协助应急救援队伍和工作人员救助受害人员，疏散、撤离、安置受到威胁的人员，并采取必要措施防止发生次生、衍生事故。应急处置工作结束后，各生产经营单位应尽快组织恢复生产、生活秩序，配合事故调查组进行调查。

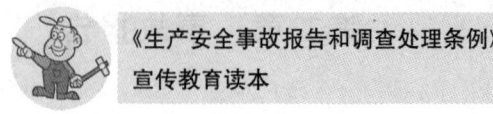

第七节 应急救援

【相关法条】

第十五条 事故发生地有关地方人民政府、安全生产监督管理部门和负有安全生产监督管理职责的有关部门接到事故报告后,其负责人应当立即赶赴事故现场,组织事故救援。

第二章　事故报告

【法条详解】

本条是关于事故发生地有关地方人民政府及其有关部门组织应急救援工作的规定。

问题1：为什么需要"有关地方人民政府"和"安全生产监督管理部门和负有安全生产监督管理职责的有关部门"组织应急救援？

1. 这是由人民政府的性质决定的。我国是人民民主专政的社会主义国家，人民是国家的主人，政府的一切权力属于人民，权力的运行一切为了人民。

2. 这是由安全生产工作的特点决定的。事故的发生具有突然性和紧迫性，要求政府及其负有安全监管职责的部门必须作出快速反应，迅速赶赴事故现场，组织事故救援。

3. 政府及其有关部门组织救援能够取得更加积极的效果。政府及其安全生产监管部门，运用法律赋予的职权，能够在短时间内调动各种资源，并协调好各方面的关系，保证救援工作的顺利开展。

4. 这也是有关法律法规的规定。《安全生产法》第七十二条和《国务院关于特大安全事故行政责任追究的规定》第四十七条都规定了地方人民政府及其有关部门在接到事故报告后，应当立即赶赴事故现场，组织事故救援。

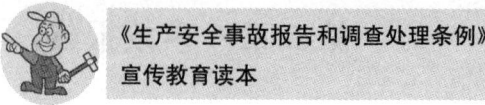

 【小案例】

云南曲靖市罗平县"8·11"重大道路交通事故

事故经过

2013年8月11日,曲靖市罗平县阿岗镇戈维村委会挖玉冲村郭双海驾驶一辆号牌为"云DV5586"的长安牌微型普通客车,载乘15人(核载7人),从挖玉冲村前往阿岗镇。当日8时许,车辆行驶出约146米,在阿岗镇戈维村委会挖玉冲村"大转弯"下陡坡左转急弯路段,车辆驶出路面,翻下22.8米山坡,造成10人当场死亡(含驾驶人)、1人送医院抢救无效死亡、4人受伤的重大道路交通事故。

事故救援

8月11日8时05分,罗平县公安局110指挥中心接到过路群众的电话报警,指挥中心立即指令阿岗镇派出所出警;9时28分,县公安局110指挥中心接到阿岗镇派出所反馈的"有10人死亡、5人受伤"的情况后,迅速组织交警、特警、刑警等警力50余人于11时50分左右到达现场,开展救援处置。

事故发生后,阿岗镇党委、政府有关领导率领在岗的所有干部职工于9时30分左右赶到现场参与救援。罗平县政府立即启动应急预案,县委、县政府领导率相关部门人员于12时30左右赶赴现场,组织开展事故应急处置工作。曲靖市政府接到事故信息后,按照市委书记高劲松、市长范华平作出的批示要求,市委副书记李云忠、副市长早明光率领安监、卫生、公安等部门于13时30分赶到现场,指挥救援和指导事故处置。按照省委、省政府领导的要求,省安委办副主任、省安全监管局副局长白光福与省公安厅党委副书记、副厅长董家禄及省检察院副检察长李波带领安监、公安、交通、监察、卫生、检察院等部门组成的省政府工作组,立即赶往事故现场,指导事故救援和处置工作。省政府工作组于当日17时左右赶到事故现场,初步查看现场后,召集现场有关人员对现场进行搜救和善后处理,晚上到罗平县医院看望了伤员,并召开专题会议,对伤员救治提出了具体要求。与此同时,成立了市、县两级事故救援处置工作指挥部,指挥部下设综合协调组、事故调查组、善后工作组、医疗救治组、秩序维护组、宣传组、后勤保障组共7个工作组。

罗平县设立了由县级领导、县直相关部门负责人和阿岗镇党政班子成员组成的9个善后工作组,进村入户"一对一"包户做好死者家属思想稳定工作;每名受伤人员设1个医疗小组,实行"一对一"救治;对每名遇难人员给予6 000元救助费。

第八节　事故现场保护

【相关法条】

第十六条　事故发生后,有关单位和人员应当妥善保护事故现场以及相关证据,任何单位和个人不得破坏事故现场、毁灭相关证据。

因抢救人员、防止事故扩大以及疏通交通等原因,需要移动事故现场物件的,应当做出标志,绘制现场简图并做出书面记录,妥善保存现场重要痕迹、物证。

《生产安全事故报告和调查处理条例》宣传教育读本

不能随便进入事故现场!

【法条详解】

本条是关于事故现场保护的规定。

问题1：本条中的"有关单位和人员"指哪些人？

本条规定的事故现场保护主体是有关单位和人员，主要是指事故发生单位和接到事故报告并赶赴事故现场的安全生产监督管理部门和负有安全生产监督管理职责的有关部门及其工作人员。

此外，任何不特定的主体，即任何单位和个人，都不得破坏事故现场，毁灭相关证据。

问题2：怎样进行事故现场保护？

事故现场保护的主要任务就是在现场勘查之前，维持现场的原始状态，既不使它减少任何痕迹、物品，也不使它增加任何痕迹、物品。

保护事故现场，必须根据事故现场的具体情况和周围环境，划定保护区的范围，布置警戒。必要时，可将事故现场封锁起来，禁止一切人员进入保护区，即使是保护现场的人员，也不能无故出入，更不能擅自进行勘查。禁止随意触摸或者移动事故现场的任何物品。特殊情况需要移动事故现场物件的，必须同时满足以下条件：

1. 移动物件的目的是出于抢救人员、防止事故扩大以及疏通交通的需要；

2. 移动物件必须经过事故单位负责人或者组织事故调查的安全生产监督管理部门和负有安全生产监督管理职责的有关部门的同意；

3. 移动物件应当做出标志，并做出书面记录；

4. 移动物件应当尽量使现场少受破坏。

第九节　依法立案侦查

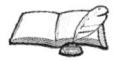【相关法条】

第十七条　事故发生地公安机关根据事故的情况，对涉嫌犯罪的，应当依法立案侦查，采取强制措施和侦查措施。犯罪嫌疑人逃匿的，公安机关应当迅速追捕归案。

【法条详解】

本条是关于公安机关对涉嫌犯罪的人员依法立案侦查、采取强制措施和侦查措施的规定。

【小资料】

根据国务院《行政执法机关移送涉嫌犯罪案件的规定》,组织事故调配的安全生产监督管理部门和负有安全生产监督管理职责的有关部门,发现事故责任者涉嫌构成犯罪,依法需要追究刑事责任的,应当主动向公安机关进行移送。

公安机关发现有犯罪行为的,或者在接到检察机关、安全生产监督管理部门和负有安全生产监督管理职责的有关部门移送的涉嫌犯罪案件后,应当依法立案进行侦查,并对犯罪嫌疑人采取强制措施。

第十节 值班制度

【相关法条】

第十八条 安全生产监督管理部门和负有安全生产监督管理职责的有关部门应当建立值班制度,并向社会公布值班电话,受理事故报告和举报。

第二章 事故报告

【法条详解】

本条是关于安全生产监督管理部门和负有安全生产监督管理职责的有关部门建立受理事故报告和举报的值班制度的规定。

问题 1：为什么要建立值班制度？

第一，这是执行《条例》规定的事故报告制度，保证及时、准确上报事故的需要；第二，这是事故信息来源渠道的有益补充，对于揭露谎报、瞒报事故有重要作用；第三，这是维护公民检举、举报权利，确保人民群众民主权利的重要措施。

安全生产监督管理部门和负有安全生产监督管理职责的有关部门在实践中建立的值班制度，对于全面准确掌握各方面安全生产动

51

态,确保生产安全事故的有效处置发挥了重要作用。《条例》第一次以法规的形式对生产安全事故值班制度作出了明确规定。

问题2:值班制度的建设需要注意哪些问题?

1. 要研究安全生产值班工作的具体措施,制定规章制度,特别是要明确值班人员的职责及具体工作要求,建立值班责任制。

2. 要加强安全生产值班信息体系建设,向社会公布值班电话、电子信箱等,完善信息报送平台,确保信息通畅。

3. 要加强对值班人员的教育和培训,提高值班工作的业务水平,搞好值班工作与安全生产其他方面工作的有效衔接。

4. 要加强对值班制度执行情况的监督检查,对值班人员的工作表现要定期进行评议考核。

第三章 事故调查

第一节 事故调查权

【相关法条】

第十九条 特别重大事故由国务院或者国务院授权有关部门组织事故调查组进行调查。

重大事故、较大事故、一般事故分别由事故发生地省级人民政府、设区的市级人民政府、县级人民政府负责调查。省级人民政府、设区的市级人民政府、县级人民政府可以直接组织事故调查组进行调查,也可以授权或者委托有关部门组织事故调查组进行调查。

未造成人员伤亡的一般事故,县级人民政府也可以委托事故发生单位组织事故调查组进行调查。

【法条详解】

本条是关于生产安全事故调查权的规定。

问题1:怎样理解本条第一款中的"授权"两字?

这里说的"授权"既可以是国务院或者国务院办公厅以规范性文件的形式一揽子授权,也可以是国务院领导同志根据事故的具体情况用批示的形式个别授权。

问题2：怎样理解本条第二款？

1. 本款规定充分体现了分级管理的原则。这是根据当前我国安全生产工作现状作出的，便于操作和落实。

2. 本款规定明确了事故调查的属地原则。也就是说，事故调查权在事故发生地的有关人民政府。

3. 本款规定的"有关部门"一般是指负责安全生产监督管理的部门，也可以根据实际情况，授权或者委托负有安全生产监督管理职责的其他部门。

4. 对重大事故，省级人民政府可以直接组织事故调查组进行调查，也可以授权或者委托有关部门组织事故调查组进行调查。

5. 对较大事故，设区的市级人民政府可以直接组织事故调查组进行调查，也可以授权或者委托有关部门组织事故调查组进行调查。

6. 对一般事故，县级人民政府可以直接组织事故调查组进行调查，也可以授权或者委托有关部门组织事故调查组进行调查。一般事故的调查以明确授权或者委托安全生产监督管理部门或有关部门组织事故调查组进行调查为妥。

问题3：怎样理解本条第三款中的"一般事故"？

本条第三款规定中的"一般事故"特指只造成了轻伤或直接经济损失在1 000万元以下的事故。发生这种事故时，县级人民政府可以委托事故发生单位进行调查，事故发生单位要按照要求组织事故调查组，调查结果要报告。

这样规定是为了减轻政府负担，提高工作效率。

问题4：怎么理解"政府领导，分级负责"？

一是事故调查工作实行"政府领导，分级负责"的原则，也可以理解为事故调查实行"政府负责，分级管理"的原则。不管哪级事故，其事故调查工作都是由政府负责的；不管是政府直接组织事

第三章 事故调查

故调查,还是授权或者委托有关部门组织事故调查,都是在政府的领导下,以政府的名义进行的,都是政府的调查行为,不能理解为部门的调查行为。

二是事故调查工作是通过事故调查组完成的(有的一般事故除外),不管是政府直接组织事故调查,还是授权或者委托有关部门组织事故调查,都要按照《条例》组织事故调查组进行;未按照《条例》组织事故调查组进行事故调查的,属于程序或者行政行为不当,其调查结果没有法律效力。

问题5:对于火灾、道路交通、水上交通等行业或者领域的事故调查处理,《条例》是如何规定的?

考虑到火灾、道路交通、水上交通等行业或者领域的事故调查处理已有专门法律、行政法规,《条例》规定:特别重大事故以下等级事故的报告和调查处理,有关法律、行政法规、国务院另有规定的,依照其规定。

【小资料】

事故调查的管辖权限

国家规定按分级负责的原则对事故进行调查。特别重大事故由国务院或国务院授权的部门组织调查;重大事故由省级人民政府或省政府授权的部门进行调查;较大事故由市、州、地人民政府或授权的部门进行调查;一般事故由县级人民政府或县级人民政府授权的部门进行调查。

这里有三种例外的情况需要说明：

1. 没有造成人员伤亡的事故可以委托事故发生单位组织调查，通常我们说的重伤事故、较小的财产损失事故等。

2. 上级部门认为有必要，可以直接调查由下级人民政府负责调查的事故。例如，1~2人的事故本来应该由县级人民政府负责调查，如果市政府认为有必要，就可以组成事故调查组进行调查。

3. 事故伤亡情况发生变化以后，也就是由于事故伤亡人数的变化导致事故的等级发生变化，这种情况有两种处置方法：

（1）由上级人民政府确定维持原来县级人民政府调查的结果或者结论。

（2）另行组织事故调查组进行调查。

依据《条例》第四十五条附则规定，特别重大事故以下等级事故的报告和调查处理，有关法律、行政法规或者国务院另有规定的，依照其规定。以下几种事故属于这个范畴：

1. 煤矿事故，煤矿事故依据《国务院煤矿安全监察条例》的规定由煤矿安全监察部门负责调查。

2. 民用航空、铁路的事故，依据《铁路安全事故管理条例》和《民用航空安全生产管理规定》，分别由民航和铁路部门负责组织调查。

3. 道路交通、火灾、水上交通的事故，2人以下死亡事故由交通、公安交警、公安消防部门负责组织调查。3~9人的死亡事故，由市级安监部门负责组织调查，10~29人的死亡事故，由省级安监部门负责组织调查。

另外，跨地区、跨行业的事故调查，根据过去条款规定，是由涉及的两个地区的共同的上一级人民政府负责组织调查，现在的《条例》对这一情形作了调整，由事故发生地的人民政府负责组织调查。这种情况最常见的是交通事故，比如外地车辆在六盘水发生

第三章 事故调查

交通事故，由六盘水市人民政府负责组织调查；另外一种比较普遍的是建筑施工行业，比如云南省的建筑公司在六盘水有一施工建设项目发生事故，事故调查由六盘水市人民政府负责。

第二节 变更事故调查权

【相关法条】

第二十条 上级人民政府认为必要时，可以调查由下级人民政府负责调查的事故。

自事故发生之日起30日内（道路交通事故、火灾事故自发生之日起7日内），因事故伤亡人数变化导致事故等级发生变化，依照本条例规定应当由上级人民政府负责调查的，上级人民政府可以另行组织事故调查组进行调查。

【法条详解】

本条是关于提级调查和变更事故调查权的规定。

问题1：理解本条款应注意哪些问题？

1. 事故的等级因伤亡人数的变化而变化。

2. 明确了事故等级因伤亡人数的变化而变更等级的期限，道路交通事故、火灾事故自事故发生之日起7日内，其他事故自事故发生之日起30日内发生的伤亡计入伤亡人数。

3. 已经组成了事故调查组。上级人民政府可以根据实际情况，终止原事故调查组进行的调查工作，另行组织事故调查组进行调查，也可以由原事故调查组继续调查。

问题2：如何理解本条第一款中的"上级人民政府"？

"上级人民政府"可以是上一级人民政府，也可以是再上级人民政府,甚至是国务院。

问题 3:怎样理解本条第一款的"认为必要时"?

事故调查应当按照《条例》第十九条规定的原则进行,一般情况下不应进行提级调查,但事故的情况很复杂,有的事故等级虽不高,但可能情况复杂,影响较大,需要由上级人民政府调查。因此,建立一种灵活机制,规定上级人民政府认为必要时可以调查由下级人民政府调查的事故,是非常必要的。

"认为必要时",一般有以下情形:事故性质恶劣,社会影响较大的;同一地区连续频繁发生同类事故的;事故发生地不重视安全生产工作,不能真正吸取事故教训的;社会和群众对下级人民政府调查的事故反响十分强烈的;事故调查难以做到客观、公正的。

问题 4:什么情形下,上级人民政府调查由下级人民政府负责调查的事故?

上级人民政府何时开始调查由下级人民政府负责调查的事故。一般有以下情形:事故发生后上级人民政府直接组织调查由下级人民政府负责调查的事故;根据下级人民政府的请求,上级人民政府提级调查;发现下级人民政府负责调查的事故存在重大疏漏后进行提级调查。

第三节 跨区域调查

【相关法条】

第二十一条 特别重大事故以下等级事故,事故发生地与事故发生单位不在同一个县级以上行政区域的,由事故发生地人民政府负责调查,事故发生单位所在地人民政府应当派人参加。

第三章 事故调查

【法条详解】

本条是关于跨行政区域发生的事故调查的规定。

问题1：怎么理解本条款？

1. 本条只适用于特别重大事故以下等级的事故。因为特别重大事故由国家或国务院授权的部门负责组织调查，不存在跨行政区域的问题。

2. 对跨行政区域事故的调查原则仍实行《条例》第十九条规定的"事故发生地政府调查"，即明确由事故发生地有关人民政府按照事故等级，相应组成事故调查组进行调查，而不是由事故发生单位所在地人民政府进行调查。

3. 事故发生单位所在地人民政府应当派人参加。这既是权利，也是义务，体现了互相配合的指导思想，有利于更好地调查事故。

问题2：本条款的目的是什么？

实践中，事故发生地与事故发生单位不属同一个县级以上行政区域的情况时有发生，本条对跨行政区域的事故的调查作了明确规定，目的在于明确这类事故的调查责任，保证事故得到及时调查。

第四节 调查组的原则

【相关法条】

第二十二条 事故调查组的组成应当遵循精简、效能的原则。

根据事故的具体情况，事故调查组由有关人民政府、安全生产监督管理部门、负有安全生产监督管理职责的有关部门、监察机关、公安机关以及工会派人组成，并应当邀请人民检察院派人参加。

事故调查组可以聘请有关专家参与调查。

《生产安全事故报告和调查处理条例》宣传教育读本

【法条详解】

本条是关于事故调查组的组成原则和组成人员的规定。

问题1：怎样确定事故调查组的组成？

《条例》在总结《特别重大事故调查程序暂行规定》《企业职工伤亡事故报告和处理规定》实施经验的基础上，针对近年来安全生产监管体制变化的实际情况，对事故调查组的组成作了明确规定，有以下三层意思：

1. 根据事故的具体情况，确定事故调查组的组成，即根据事故的行业和领域，决定哪些部门参加事故调查组。

2. 事故调查组由以下部门、单位派人组织或者参加：有关人民政府，包括组织事故调查的有关人民政府及事故发生地有关人民政府；安全生产监督管理部门；负有安全生产监督管理职责的有关

第三章 事故调查

部门；监察机关；公安机关；工会；人民检察院。

3. 事故调查组可以聘请有关专家参与调查。

问题2：事故调查组的组成原则是什么？

事故调查组的组成要精简、效能，这是缩短事故处理时限，降低事故调查处理成本，尽最大可能提高工作效率的前提。

问题3：事故调查组应当明确哪几个问题？

1. 事故调查组的组成必须依照《条例》执行。

2. 事故调查组的成员履行事故调查的行为是职务行为，代表其所属部门、单位进行事故调查工作。

3. 事故调查组成员都要接受事故调查组的领导。

4. 事故调查组聘请的专家参与事故调查，也是事故调查组的成员。

【小案例】

河北艾家沟矿业有限公司"2·28"重大火灾事故

事故经过

2013年2月28日19时43分，河北省冀中能源张矿集团怀来艾家沟矿业有限公司（以下简称艾家沟矿业公司）井下发生一起重大火灾事故，造成13人死亡，直接经济损失1 425.08万元。

成立事故调查组

依照国家有关法律法规，并经省政府同意，3月1日，成立了以河北省政府副省长张杰辉为组长，相关部门负责同志为成员的事故调查领导小组。并成立了由河北煤矿安监局副局长韩堂惠任组长，河北省煤管局局长程文科、张家口市政府副市长宋文玲为副组长，河北煤矿安监局、河北省监察厅、公安厅、总工会、安监局、国资委等有关部门人员为成员的事故调查组，河北省人民检察院派

员参与了事故调查工作,调查组聘请4位专家组成专家组协助事故调查。

【小资料】

事故调查组组长及成员的确定

1. 事故调查组组长的确定

事故调查组组长由负责事故调查的政府确定,并明确事故调查的牵头单位,全面负责和领导事故调查组的工作。

2. 事故调查组组成成员的确定

事故调查组由政府、安监、负责安全生产监督管理职责的部门、监察机关、公安机关、工会派员组成,并邀请人民检察院参加。

通常,事故调查组是一个法定的事故调查组成单位,因为事故调查活动是非常严肃的行政行为,按照《中华人民共和国行政处罚法》和《中华人民共和国行政法》的规定,必须满足主体合法、程序合法、适用的法律条款合法的要件,如果事故调查组组成人员不符合法定规定的程序,也就是说事故调查组成员单位不齐,就会造成执法程序不合法,那么可能会影响到整个事故调查的结果。2006年,山西的一起事故,由于事故调查组没有邀请人民检察院参加,当事人对事故调查结果不服,向法院起诉,法院在认定过程中,认为程序不合法,于是判决调查结果无效。

3. 事故调查组可以根据需要,聘请有关专家参加事故调查或对事故中的一些专业问题进行检测、检验或鉴定。

第三章 事故调查

第五节 调查组成员条件

【相关法条】

第二十三条 事故调查组成员应当具有事故调查所需要的知识和专长,并与所调查的事故没有直接利害关系。

【法条详解】

本条是关于事故调查组成员条件的规定。

问题1:在事故调查组组成的各个阶段,与事故有直接利害关系的人员应该怎样处理?

1. 事故调查组组成前,有关部门、单位中与所调查的事故有直接利害关系的人员应当主动回避,不应参加事故调查工作。

2. 事故调查组组成时,发现被推荐为事故调查组成员的人选与所调查的事故有直接利害关系的,组织事故调查的人民政府或者有关部门应当对该成员予以调整。

3. 事故调查组组成后,有关部门、单位发现其成员与所调查的事故有直接利害关系的,事故调查组应当将该成员予以更换或者停止其事故调查工作。

问题2:事故调查组成员应满足哪些基本条件?

1. 具有事故调查所需要的知识和专长,包括专业技术知识、法律知识等。

2. 与所调查的事故没有利害关系,主要是为了保证事故调查的公正性。这里的利害关系有两层意思:

(1) 事故调查组成员与事故发生单位没有直接利害关系。

(2) 事故调查组成员与事故发生单位的主要负责人、主管人

员、有关负责人没有直接利害关系。

第六节 组长职权

【相关法条】

第二十四条 事故调查组组长由负责事故调查的人民政府指定。事故调查组组长主持事故调查组的工作。

【法条详解】

本条是关于事故调查组组长及其职权的规定。

问题1：事故调查组组长的职责都有哪些？

事故调查组组长主持事故调查组工作，其具体职责是：

1. 全过程领导事故调查工作。

2. 主持事故调查会议，确定事故调查组各小组职责和事故调查组成员的分工。

3. 协调事故调查工作中的重大问题，对事故调查中的分歧意见作出决策等。

问题2：为什么要设置调查组组长？

设立事故调查组组长是今后事故调查的必经程序。不设置事故调查组组长，事故调查工作没有法律效力，其调查结果无效。

问题3：事故调查组组长怎样产生？

事故调查组组长由负责事故调查的人民政府指定。由政府授权有关部门组织事故调查组进行事故调查的，其事故调查组组长可以由有关人民政府指定，也可以由授权组织事故调查组的有关部门指定。

参照当前事故调查的一些成熟做法，今后事故调查组的内部机

第三章 事故调查

构一般为：设事故调查组组长一名；根据事故具体情况和事故等级，设副组长1~3名，一般等级事故可只设组长一名；重大、特别重大事故在调查时，可设置具体工作小组，负责某一方面的具体调查工作。

第七节 调查组职责

【相关法条】

第二十五条 事故调查组履行下列职责：

（一）查明事故发生的经过、原因、人员伤亡情况及直接经济损失；

（二）认定事故的性质和事故责任；

（三）提出对事故责任者的处理建议；

（四）总结事故教训，提出防范和整改措施；

（五）提交事故调查报告。

【法条详解】

本条是关于事故调查组职责的规定。

问题1：事故发生的经过包含哪些内容？

1. 事故发生前，事故发生单位生产作业状况。

2. 事故发生的具体时间、地点。

3. 事故现场状况及事故现场保护情况。

4. 事故发生后采取的应急处置措施情况。

5. 事故报告经过。

6. 事故抢救及事故救援情况。

7. 事故的善后处理情况。

《生产安全事故报告和调查处理条例》
宣传教育读本

8. 其他与事故发生经过有关的情况。

问题2：事故发生的原因包含哪些内容？

1. 事故发生的直接原因。

2. 事故发生的间接原因。

3. 事故发生的其他原因。

问题3：人员伤亡情况包含哪些方面？

1. 事故发生前，事故发生单位生产作业人员分布情况。

2. 事故发生时人员涉险情况。

3. 事故当场人员伤亡情况及人员失踪情况。

4. 事故抢救过程中人员伤亡情况。

5. 最终伤亡情况。

6. 其他与事故发生有关的人员伤亡情况。

问题4：事故的直接经济损失包含什么方面？

1. 人员伤亡后所支出的费用，如医疗费用、丧葬及抚恤费用、补助及救济费用、歇工工资等。

2. 事故善后处理费用，如处理事故的事务性费用、现场抢救费用、现场清理费用、事故罚款和赔偿费用等。

3. 事故造成的财产损失费用，如固定资产损失价值、流动资产损失价值等。

问题5：怎样认定事故性质和事故责任者？

1. 对认定为自然事故（非责任事故或者不可抗拒的事故）的，可不再认定或者追究事故责任。

2. 对认定为责任事故的，要按照责任大小和承担责任的不同，分别认定下列事故责任者。

（1）直接责任者，是指其行为与事故发生有直接因果关系的人员，如违章作业人员等。

（2）主要责任者，是指对事故发生负有主要责任的人员，如违

第三章 事故调查

章指挥者。

（3）领导责任者，是指对事故发生负有领导责任的人员，主要是政府及其有关部门的人员。

问题6：对事故责任者的处理建议包含哪些方面？

通过事故调查分析，在认定事故的性质和事故责任的基础上，对事故责任者的处理建议主要包括下列内容：

1. 对责任者的行政处分、纪律处分建议。
2. 对责任者的行政处罚建议。
3. 对责任者追究刑事责任的建议。
4. 对责任者追究民事责任的建议。

问题7：怎么去总结事故教训？

通过事故调查分析，在认定事故的性质和事故责任者的基础上，要认真总结的事故教训，主要是在安全生产管理、安全生产投入、安全生产条件等方面存在哪些薄弱环节、漏洞和隐患，要认真对照问题查找根源。

1. 事故发生单位应该吸取的教训。
2. 事故发生单位主要负责人应该吸取的教训。
3. 事故发生单位有关主管人员和有关职能部门应该吸取的教训。
4. 从业人员应该吸取的教训。
5. 政府及其有关部门应该吸取的教训。
6. 相关生产经营单位应该吸取的教训。
7. 社会公众应该吸取的教训等。

问题8：提出防范和整改措施的原则是什么？

防范和整改措施是在事故调查分析的基础上针对事故发生单位在安全生产方面的薄弱环节、漏洞、隐患等提出的，要具备以下性质：针对性、可操作性、普遍适用性、时效性。

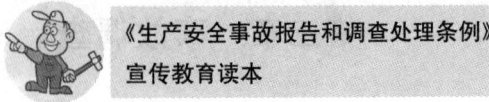

问题 9：事故调查关键是做到客观、公正、高效，《条例》如何保证事故调查做到这几个方面的要求？

事故调查是由事故调查组具体负责的，保证事故调查的客观、公正和高效，关键在于事故调查组的组成要合理、职责要明确、职权要充分、纪律要严明。据此，《条例》从四个方面做了规定：

1. 明确了事故调查组组成的原则、组成单位以及事故调查组成员应当具备的基本条件。

事故调查组应当遵循精简、效能的原则，由有关人民政府、安全生产监督管理部门、负有安全生产监督管理职责的有关部门、监察机关、公安机关以及工会派人组成，并邀请人民检察院派人参加。事故调查组成员应当具有事故调查所需要的知识和专长，并与所调查的事故没有直接利害关系。

2. 明确了事故调查组的职责及其在事故调查中的职权。

事故调查组的职责包括：查明事故发生的经过、原因、人员伤亡情况及直接经济损失，认定事故的性质和事故责任，提出对事故责任者的处理建议，总结事故教训，提出防范和整改措施，提交事故调查报告等。事故调查组有权向有关单位和个人了解与事故有关的情况，并要求其提供相关文件、资料，有关单位和个人不得拒绝。

3. 对事故调查组成员的行为规范作了明确规定。

事故调查组成员在事故调查工作中应当诚信公正、恪尽职守，遵守事故调查组的纪律，保守事故调查的秘密，未经事故调查组组长允许，不得擅自发布有关事故的信息。

4. 明确规定了提出事故报告的时限和事故调查报告的内容。

原则上，事故调查组应当自事故发生之日起 60 日内提交事故调查报告；特殊情况下，提交事故调查报告的期限经批准可以延长，但延长的期限最长不超过 60 日。事故调查报告除了要包括事

第三章 事故调查

故发生单位概况，事故经过和救援情况，事故造成的人员伤亡和直接经济损失等内容外，还应当包括事故发生的原因和事故性质、事故责任的认定，对事故责任者的处理建议以及防范和整改措施等内容，并应当附具有关证据材料，由事故调查组成员签名。

【小资料】

生产安全事故从性质上可以分为责任事故和非责任事故两类。具体到生产经营活动中，可作如下区分：

1. 责任事故一般是由有关人员违章指挥、违章作业、违反劳动纪律引起的。

2. 非责任事故一般是由不可抗力或者有关人员蓄意破坏生产经营引起的。

不经调查就确认事故的性质，在逻辑上是行不通的。所以《条例》第二十五条规定，事故调查组的职责包括认定事故的性质。

实践中，有人把生产安全事故混同为责任事故，盲目逃避，甚至瞒报、谎报和漏报事故。

第八节　调查组职权

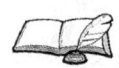【相关法条】

第二十六条　事故调查组有权向有关单位和个人了解与事故有关的情况，并要求其提供相关文件、资料，有关单位和个人不得拒绝。

事故发生单位的负责人和有关人员在事故调查期间不得擅离职守，并应当随时接受事故调查组的询问，如实提供有关情况。

事故调查中发现涉嫌犯罪的，事故调查组应当及时将有关材料或者其复印件移交司法机关处理。

《生产安全事故报告和调查处理条例》
宣传教育读本

【法条详解】

本条是关于事故调查组职权和事故发生单位有关人员配合事故调查的义务的规定。

问题1：事故调查组的职权都有哪些？

事故调查组要完成《条例》第二十五条规定的各项职责，就必须赋予其相应的权力。事故调查组的职权主要包括以下两方面：

1. 事故调查权，即事故调查组有权向有关单位和个人了解与事故有关的情况。这里的"有关单位和个人"是一个广义的概念，不仅包括事故发生单位和个人，而且包括与事故发生有关联的单位和个人，如设备制造单位、设计单位、施工单位等，还包括与事故发生有关的政府及其有关部门和人员。

2. 文件资料获得权，即事故调查组有权要求有关单位和个人提供相关文件、资料，有关单位和个人不得拒绝。这里的"有关单位和个人"意义同上，这里的"相关文件资料"也是一个广义的概

第三章 事故调查

念，包括与事故发生有关的所有文件、资料。

问题2：事故发生单位有关人员有什么义务？

事故发生单位的负责人和有关人员在事故调查期间不得擅离职守，并应当随时接受事故调查组的询问，如实提供有关情况，这是事故发生单位有关人员的法定义务，必须遵守，否则就要承担相应的法律责任。这对保障事故调查组顺利开展事故调查工作具有重要意义。

此外，事故调查中发现涉嫌犯罪的，事故调查组应当及时向司法机关移交涉嫌犯罪者有关材料或者复印件。这里的"及时"就是在第一时间内，目的是能对涉嫌犯罪者及时追究刑事责任。既可以在事故调查工作中进行移交，也可以在提交事故调查报告时向司法机关移交。这一规定体现了事故调查工作和刑事责任追究的配合和衔接。

第九节 技术鉴定

【相关法条】

第二十七条 事故调查中需要进行技术鉴定的，事故调查组应当委托具有国家规定资质的单位进行技术鉴定。必要时，事故调查组可以直接组织专家进行技术鉴定。技术鉴定所需时间不计入事故调查期限。

【法条详解】

本条是关于事故调查中进行技术鉴定的规定。

问题1：为什么在事故调查中会进行技术鉴定？

事故发生不仅涉及人的操作行为、管理行为等不安全行为，而

《生产安全事故报告和调查处理条例》宣传教育读本

且会涉及生产作业环境的安全状态和设备、设施的安全状况，所以在事故调查中进行技术鉴定往往是确定事故发生直接原因的有效途径和技术支持。

问题2：怎样理解本条规定？

本条条规定有以下几层意思：

1. 要不要进行技术鉴定及技术鉴定的范围，应当由事故调查组根据事故调查的实际需要决定。

2. 要谁进行技术鉴定由事故调查组委托，不能由事故发生单位决定。

3. 承担技术鉴定的单位要具备国家规定的资质。进行事故技术鉴定的单位的资质一般由国务院安全生产监管部门或者省级安全生产监管部门、省级煤矿安全监察机构或有关部门授予。不具备国家规定资质的单位作出的技术鉴定结果无效。事故调查组也不能委托其进行技术鉴定。

4. 必要时，事故调查组可以直接组织专家进行技术鉴定，专家要有代表性、权威性，能得到业内的认可，这里的专家一般不是事故调查组成员。

5. 当事故调查组认为需要进行技术鉴定时，技术鉴定的时间不计入事故调查期限，也就是说"自事故发生之日起60日内提交事故调查报告"不包括技术鉴定所用的时间。

第十节 成员行为规范

【相关法条】

第二十八条 事故调查组成员在事故调查工作中应当诚信公正、恪尽职守，遵守事故调查组的纪律，保守事故调查的秘密。

未经事故调查组组长允许，事故调查组成员不得擅自发布有关

第三章 事故调查

事故的信息。

【法条详解】

本条是关于事故调查组成员行为规范的规定。

事故调查不是一项普通的工作,为保证事故调查的客观、公正、高效,事故调查组成员必须遵循一定的行为规范。

1. 事故调查组要有品德操守。事故调查组的成员不管来自哪个部门和单位,均是事故调查组的一员,除具备《条例》第二十三条规定的条件外,事故调查组成员要讲诚信,要公正地参与事故调查工作,要全面了解事故调查中的有关情况,不得偏听偏信,影响事故调查。

2. 事故调查组成员要有工作操守。事故调查组成员要恪尽职守,兢兢业业,严格履行职责,发挥专业特长和技术特长,按期完成事故调查组交办的事故调查任务。

3. 事故调查组成员要守纪、保密。事故调查组成员要遵守事

故调查组的纪律，服从事故调查组的领导，廉洁自律，认真负责，协调行动，听从指挥，同时，要严格保守事故调查中的秘密。

4. 事故信息发布工作应当由事故调查组统一安排，未经事故调查组组长允许，事故调查组成员不得擅自发布有关事故的信息。

第十一节 调查时限

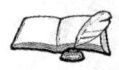【相关法条】

第二十九条 事故调查组应当自事故发生之日起60日内提交事故调查报告；特殊情况下，经负责事故调查的人民政府批准，提交事故调查报告的期限可以适当延长，但延长的期限最长不超过60日。

【法条详解】

本条是关于事故调查时限的规定。

问题1：为什么要设置提交事故报告的期限？

提出事故调查报告，意味着事故调查工作的结束。对事故调查工作设定时限，是提高事故调查效率的保障，是针对当前事故调查久拖不决、不能按时提交事故调查报告的情况较为普遍而作出的硬性规定，对落实"四不放过"原则、及时吸取事故教训意义重大。

问题2：怎样理解本条中"自事故发生之日起60日内提交事故调查报告"？

原则上，事故调查组应当自事故发生之日起60日内提交事故调查报告。这是法定期限，并且应当按自然日历计算，不是特指工作日。事故调查报告一般应在上述期限内提交。当然，需要技术鉴定的，技术鉴定所需时间不计入该时限，其提交事故调查报告的时

第三章　事故调查

限可以顺延。

问题3：怎样理解"特殊情况下，经负责事故调查的人民政府批准，提交事故调查报告的期限可以适当延长，但延长的期限最长不超过60日"？

这里说的"特殊情况下"，一般是指事故等级较高、事故现场不能及时勘查、事故原因一时不易查清、事故责任认定需要大量调查工作等，如煤矿爆炸造成调查人员不能深入井下，60日内难以达到《条例》第三十条规定要求；

要延长事故调查报告提交的期限，就应当经负责事故调查的人民政府批准这一程序，对授权有关部门组织事故调查组调查的，也可以由组织事故调查的部门批准，延长的期限可以是10日或20日，但最长不得超过60日。

【小资料】

本条关于提出事故调查报告期限的规定，给事故调查组的工作效率提出了较高要求。《条例》实施后，事故调查组要进一步改进工作方法，提高工作效率，确保近期提交事故调查报告。提交事故调查报告的方式没有作出具体规定，可以按照现行做法执行。

第十二节　报告内容

【相关法条】

第三十条　事故调查报告应当包括下列内容：

（一）事故发生单位概况；

（二）事故发生经过和事故救援情况；

（三）事故造成的人员伤亡和直接经济损失；

（四）事故发生的原因和事故性质；

《生产安全事故报告和调查处理条例》
宣传教育读本

（五）事故责任的认定以及对事故责任者的处理建议；

（六）事故防范和整改措施。

事故调查报告应当附具有关证据材料。事故调查组成员应当在事故调查报告上签名。

【法条详解】

本条是关于事故调查报告内容的规定。

问题1：事故调查报告的各项内容具体包含哪些？

事故发生单位概况一般包括事故发生单位性质、事故发生单位的主要负责人情况、事故发生单位相关行政许可情况、事故发生单位的用工情况、生产工艺及近期事故发生情况等。

事故调查报告的其他内容参考《条例》第二十五条的释义。

问题2：怎样理解"事故调查报告应当附具有关证据材料，事故调查组成员应当在事故调查报告上签名"？

第三十条第二款规定包括以下几层含义：

1. 事故调查报告附具的有关证据材料是事故调查报告的重要部分，应作为事故调查报告的附件一并提交。提出这项要求是为了增强事故调查报告的科学性、证明力、公信力。

2. 事故调查报告附具的有关证据材料应当具有真实性，并作为事故调查报告的附件予以详细登记，必要时有关当事人及获得该证据材料的事故调查组成员应当在证据材料上签名。

3. 事故调查组成员在事故调查报告上的签名页是事故调查报告的必备内容，没有事故调查组成员签名的事故调查报告，可以不予批复。签名应当由事故调查组成员本人签署，特殊情况下由他人代签的，要注明本人同意。事故调查中的不同意见在签名时可一并说明。

第三章 事故调查

【小提示】

事故调查组按照规定履行事故调查职责,目的就是要提交事故调查报告。事故调查报告是事故调查组工作成果的集中体现,是事故处理的直接依据。

《条例》中对事故调查报告的内容作出规定,有利于事故调查报告内容的规范、完整。同时,其内容应当与《条例》第二十五条关于事故调查组任务、职责的规定有效衔接。

第十三节 资料存档

【相关法条】

第三十一条 事故调查报告报送负责事故调查的人民政府后,事故调查工作即告结束。事故调查的有关资料应当归档保存。

【法条详解】

本条是关于事故调查结束和调查资料存档的规定。

问题1:事故调查的有关资料应当怎样保存?

事故调查有关资料的保存一般应当由政府授权或者委托的有关部门实施。

在事故调查中,可以委托专人保管事故调查组成员的调查资料,待调查工作结束后统一归档;也可以先由事故调查组成员分别保管,但所有调查资料应当共享,待最后统一归档。

事故调查结束后,事故调查组成员不得私自保存事故调查的有关资料。

事故调查的有关资料归档保存应当符合《档案法》的有关规定。

《生产安全事故报告和调查处理条例》宣传教育读本

【小提示】

1.《条例》第二十九条规定的时限是事故调查组提交事故调查报告的时限,事故调查报告报送负责事故调查的人民政府后,事故调查结束。这时,事故调查组的使命已经完成。

2.事故调查报告报送负责事故调查的人民政府后,进入事故处理程序,按照《条例》第四章的规定执行。

第四章 事故处理

第一节 批复主体、批复时限

【相关法条】

第三十二条 重大事故、较大事故、一般事故,负责事故调查的人民政府应当自收到事故调查报告之日起 15 日内做出批复;特别重大事故,30 日内做出批复,特殊情况下,批复时间可以适当延长,但延长的时间最长不超过 30 日。

有关机关应当按照人民政府的批复,依照法律、行政法规规定的权限和程序,对事故发生单位和有关人员进行行政处罚,对负有事故责任的国家工作人员进行处分。

事故发生单位应当按照负责事故调查的人民政府的批复,对本单位负有事故责任的人员进行处理。

负有事故责任的人员涉嫌犯罪的,依法追究刑事责任。

【法条详解】

本条是关于事故调查批复主体、批复时限及批复如何落实的规定。

问题 1:谁是事故调查批复的主体?

事故调查组是为了调查某一特定事故而临时组成的。不管是有

《生产安全事故报告和调查处理条例》宣传教育读本

关人民政府直接组织的事故调查组,还是授权或者委托有关部门组织的事故调查组,其形成的事故调查报告只有经过有关人民政府批复后,才具有效力,才能被执行和落实。因此,《条例》明确规定,事故调查报告批复的主体是负责事故调查的人民政府。

问题2:本条对批复的时限要求应怎样理解?

1. 对于重大事故、较大事故、一般事故,调查报告的批复时限为15日,起算时间是接到事故调查报告之日。这是一个硬性规定,在任何情况下,15日的期限不得延长。

2. 对于特别重大事故,一般情况比较复杂,涉及面较广,事故调查报告批复的主体是国务院,《条例》规定,特别重大事故的批复时限为30日,起算时间也是接到事故调查报告之日。

同时规定,在有些特殊情况下,例如需要对事故调查报告的部分内容进行核实、对事故责任人的处理问题进行研究等,对特别重大事故的调查报告确实难以在30日内作出批复的,批复时限可以适当延长,但对延长的期限作了严格限制,最长不超过30日。这就要求有关人民政府一定要提高工作效率,按照《条例》规定的期限如期作出批复。

问题3:有关机关怎样对批复进行落实?

1. 本条的"有关机关"不是特定主体,可以是一个机关,也可以是多个机关,应当根据批复的内容不同而不同。一般来说,"有关机关"包括作出批复的人民政府的有关部门、下级人民政府及其有关部门。

2. 依照法定权限和程序落实

首先,有关机关只能在法定职责权限范围内行使职权,不得越权。《行政处罚法》明确规定:行政处罚由具有行政处罚权的行政机关在法定权限范围内实施。《行政监察法》及其他有关规定对处分的实施权限也有明确要求。其他有关法律、行政法规对有关机

第四章　事故处理

的权限也都有明确规定。

其次,程序必须合法。在现代法治国家,程序合法、正当成为一种普遍要求,程序正当是结果正当的必要条件。落实有关人民政府对事故调查报告的批复,对事故发生单位和有关部门人员进行行政处罚,对负有事故责任的国家工作人员进行处分,必须严格依照法律、行政法规规定的程序。

3. 落实的内容

按照《条例》的规定,有关机关落实批复的主要内容有两项:一是对事故发生单位和有关人员进行行政处罚;二是对负有事故责任的国家工作人员进行处分。

行政处罚是对有行政违法行为的单位或者个人给予的行政制裁。按照《行政处罚法》的规定,行政处罚的种类包括警告、罚款、没收违法所得、没收非法财物、责令停产停业、暂扣或者吊销许可证、暂扣或者吊销执照、行政拘留等。《条例》规定的行政处罚,主要包括罚款及吊销有关证照、职业资格证书等。

问题 4:事故发生单位怎样对批复进行落实?

生产经营单位作为安全生产的责任主体,发生事故后,除了接受法律、行政法规规定的行政处罚外,还有义务按照负责事故调查的人民政府的批复,对本单位负有事故责任的人员进行处理。

事故发生单位负责处理的对象是本单位对事故发生负有责任的人员,这种处理是根据有关部门规章制度,对有关责任人员所作的内部处理,包括两种情况:

1. 本单位中有关人员对事故发生负有责任,但该人员的行为既不构成犯罪,也不属于法律、行政法规规定的应当给予行政处罚或者处分的行为,事故发生单位可以根据本单位的有关规章制度对该负有事故责任的人员进行相应的处理。

2. 对事故发生负有责任的有关人员的行为已经涉嫌犯罪,或

者依照法律、行政法规应当由有关机关给予行政处罚或处分的,事故发生单位也可以根据本单位的规章制度作出处理。

需要强调的是,事故发生单位虽然是按照负责事故调查的人民政府的批复,对有关人员进行处理,但是这种处理属于事故发生单位的内部管理行为,其依据主要是本单位的规章制度,不属于行政处罚或行政处分的范畴。

问题5:刑事责任怎样追究?

《条例》明确规定,负有事故责任的人员涉嫌构成犯罪的,依法追究刑事责任。这是对事故责任人员最严厉的处罚。实践中需要注意两个问题:

1. 有关部门要及时将涉嫌构成犯罪的事故责任人移送司法机关追究刑事责任,不能拖延,更不能以罚代刑。

2. 司法机关要严格依法判处,不能畸轻畸重。

【小案例】

河北沙河铁矿大火

事故经过

2004年11月20日凌晨3时许,河北省沙河市白塔镇李生文联办第一铁矿主井发生火灾事故,并危及与之相邻的岭南铁矿、白塔镇二铁矿、綦村供销社铁矿、金鼎矿业公司西郝庄铁矿。这次特别重大安全生产事故造成70人死亡,直接经济损失604.65万元。

事故原因

据初步认定,这次事故的起因是李生文联办第一铁矿使用电焊引燃木材所致,加之多矿严重越层越界开采,形成矿矿相通、上下重叠的状况,使得该矿与周围4个铁矿(岭南铁矿、白塔镇二铁矿、綦村供销社铁矿、金鼎矿业有限公司西郝庄铁矿)等5个巷道

第四章 事故处理

相通,因井下烟气太大,致使矿工被困井下,酿成惨剧。

事故处理

沙河市检察院以涉嫌重大责任事故罪批准逮捕了李生文、元月平等5名责任人,以涉嫌非法采矿罪批准逮捕元玉平、杨庆国、段秋柱等15人,铁矿的银行账户被全部查封。涉案的沙河市安监局综合股股长史聚兴、安监局安监股股长刘胜民以及沙河市冶金工业局安监科科长刘贵民、沙河市国土资源局执法监察大队副队长郭正民4人均以涉嫌玩忽职守罪被刑事拘留。

涉嫌玩忽职守的沙河市安监局综合股股长史聚兴,负有组织全市非煤矿山矿长培训、特种工种人员资格培训及发证工作责任,但其不正确履行职责,导致没有经过培训、没有矿长资格证和没有上岗合格证、特种工种证的人员介入矿产的开采和矿井作业,以致引发特大矿难。

涉嫌玩忽职守的沙河市安监局安监股股长刘胜民,在2004年3月16日,与有关人员对李生文联办第一铁矿进行验收时,只在地面上进行了检查,未下井进行检查。但该矿存在着严重的事故隐患。刘胜民在此期间既未检查,也未发现、制止。

涉嫌玩忽职守的沙河市冶金工业局安监科科长刘贵民,2004年3月参加了李生文联办第一铁矿复工验收检查工作,明知该矿未达到安全生产要求已被勒令整改的情况,但其在6月份、8月份两次到该矿进行检查和收取矿石交易费时,忽视安全检查,对仍在擅自生产的该矿不正确履行自己的监管职责。

涉嫌玩忽职守的沙河市国土资源局执法监察大队副队长郭正民,在2004年3月份发现李生文联办第一铁矿超层越界问题后,只对该铁矿进行了罚款处理,未采取纠正措施。

【小资料】

关于事故处理相关责任的落实

重大事故以下的事故必须15日内作出批复；特别重大事故30日内批复。

1. 对有关人员和有关单位的经济处罚由安监部门负责作出。
2. 对有关工作人员的行政处分，由纪检和监察部门负责落实。
3. 对涉及犯罪，追究刑事责任的，分别由检察院、法院、公安机关负责落实。
4. 对有关防范和整改措施的监督检查由安监部门负责落实。
5. 事故调查处理的结果，由政府或授权的有关部门向社会公布。
6. 接受工会和职工的监督。
7. 上述处理结果，要报原组织事故调查的机关备案。

什么是处分？

处分是对国家工作人员及国家机关委派到企业、事业单位任职的人员的违法行为，由所在单位或者其上级主管机关或者有关机关给予的一种制裁性处理。根据《行政监察法》和《公务员法》的有关规定，处分的种类包括警告、记过、记大过、降级、撤职、开除等。

《条例》对事故处理所作的规定

事故处理是落实"四不放过"要求的核心环节。为保证及时、严肃地进行事故处理，《条例》从四个方面作了规定：

1. 明确了事故调查报告的批复主体和批复的期限。事故调查报告由负责组织事故调查的人民政府批复。重大事故、较大事故、

第四章 事故处理

一般事故自收到事故调查报告之日起15日内作出批复；特别重大事故30日内作出批复，特殊情况下，批复时间可以适当延长，但延长的时间最长不超过30日。

2. 对落实事故责任追究作了规定。即有关机关对事故发生单位和有关人员进行行政处罚，对负有事故责任的国家工作人员进行处分；事故发生单位对本单位负有事故责任的人员进行处理；负有事故责任的人员涉嫌犯罪的，依法追究刑事责任。

3. 明确了防范和整改措施的落实及其监督检查。防范和整改措施由事故发生单位负责落实，落实情况除接受工会和职工的监督外，安全生产监督管理部门和负有安全生产监督管理职责的有关部门要进行监督检查。

4. 确立了事故处理情况的公布制度。事故处理情况除依法需要保密的外，要向社会公布。

第二节 防范和整改

【相关法条】

第三十三条 事故发生单位应当认真吸取事故教训，落实防范和整改措施，防止事故再次发生。防范和整改措施的落实情况应当接受工会和职工的监督。

安全生产监督管理部门和负有安全生产监督管理职责的有关部门应当对事故发生单位落实防范和整改措施的情况进行监督检查。

《生产安全事故报告和调查处理条例》
宣传教育读本

【法条详解】

本条是关于防范和整改措施的落实及其监督的规定。

问题1：事故发生单位怎么负责落实防范和整改措施？

事故调查处理的最终目的是预防和减少事故。《条例》明确规定，事故调查组在事故中要查清事故经过、查明事故原因和事故性质，总结事故教训，并在事故调查报告中提出防范和整改措施。这样规定的目的不只是调查事故，也不只是追究事故责任，而是要在通过事故调查查明事故原因的基础上提出防范和整改措施，进而防止事故再次发生。事故发生单位作为安全生产工作的责任主体，也应当是落实防范和整改措施的主体。

我国每年发生的生产安全事故中，绝大多数是责任事故，主要是生产经营单位及其有关部门人员违反安全生产法律、法规、标准和有关部门技术规程、规范等人为原因造成的。例如，生产经营活动的作业场所不符合安全生产的规定，安全生产规章制度和操作规程不健全，未对职工进行安全教育和培训，管理人员违章指挥，职工违章冒险作业，事故隐患未及时排除等。

按照《条例》的规定，事故发生单位要认真吸取事故教训，落实防范和整改措施。事故发生单位应当认真反思，吸取教训，查找安全生产管理方面的不足和漏洞，吸取事故血的教训。对于事故调查组在查明事故原因的基础上提出的有针对性的防范和整改措施，事故发生单位必须不折不扣地予以落实。

问题2：为什么规定职工有权进行监督？

安全生产直接关系到职工的生命安全。特别是事故发生后，事故发生单位是否落实了防范和整改措施，排除了事故隐患，直接关系到广大职工的根本权益能否得到保障。

第四章　事故处理

实践中，确实存在一些事故发生单位由于受经济利益的驱动，在未落实防范和整改措施的情况下，便急于重新开始生产经营活动，置职工的生命安全于不顾。由于职工直接参与单位的生产经营活动，对事故发生单位落实防范和整改措施的情况了解和掌握得比较清楚，因此，明确职工有权对事故发生单位落实防范和整改措施进行监督，具有重要意义。

问题3：为什么规定工会有权进行监督？

《中华人民共和国工会法》第六条第一款规定："维护职工合法权益是工会的基本职责。工会在维护全国人民总体利益的同时，代表和维护职工的合法权益。"第二十二条明确了企业、事业单位不提供劳动安全卫生条件的，工会应当代表职工与企业、事业单位交涉，要求企业、事业单位采取措施予以改正。工会作为职工的群众组织，有权利也有义务维护职工的合法权益，帮助职工维权是工会工作的核心内容。

事故发生单位落实防范和整改措施直接关系到职工的生命安全。相对于生产经营单位而言，职工个人往往处于弱势地位，工会作为职工组织，代表职工对单位实施监督，与单位进行交涉，要求其落实防范和整改措施，保障职工在安全的条件下从事劳动，责无旁贷。

因此，明确事故发生单位落实防范和整改措施的情况要接受工会的监督，具有重要的现实意义。

问题4：工会和职工怎样对防范和整改措施的落实情况进行监督？

进行监督的手段主要有两种：

1. 直接与单位进行交涉，敦促事故发生单位落实防范和整改措施。

2. 向有监督管理职权的部门反映情况，由有关部门督促事故

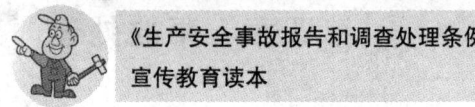
《生产安全事故报告和调查处理条例》宣传教育读本

单位落实。

事故发生单位应当本着对职工生命安全高度负责的精神，积极、主动地将落实情况告知单位职工和工会，自觉接受监督。

问题 5：安全生产监督管理部门和负有安全生产监督管理职责的有关部门怎样进行监督检查？

"安全生产监督管理部门"是指国家安全生产监督管理总局和各级安全生产监督管理局。"负有安全生产监督管理职责的有关部门"是指除本级政府安全生产监督管理部门外，依照法律、行政法规和职责分工，对安全生产负有监督管理职责的部门。例如，按照《建筑法》和国务院关于建设部门"三定"方案的规定，建设部门是建筑工程安全生产领域负有安全监督管理职责的部门。

事故发生单位落实防范和整改措施情况属于安全生产工作的重要内容，安全生产监督管理部门和负有安全生产监督管理职责的有关部门应当对落实情况进行监督检查，这是履行安全生产监督管理职责的要求。

所谓监督检查，主要是指通过信息反馈、情况反映、实地检查等方式及时掌握事故发生单位落实防范和整改措施的情况，对未按照要求落实的，督促其落实；经督促仍然不落实的，依法采取有关措施。

【小资料】

《安全生产法》第九条规定："国务院安全生产监督管理部门依照本法，对全国安全生产工作实施综合监督管理；县级以上地方各级人民政府安全生产监督管理部门依照本法，对本行政区域内安全生产工作实施综合监督管理。国务院有关部门依照本法和其他有关法律、行政法规的规定，在各自的职责范围内对有关行业、领域的安全生产工作实施监督管理；县级以上地方各级人民政府有关部门

第四章 事故处理

依照本法和其他有关法律、法规的规定,在各自的职责范围内对有关行业、领域的安全生产工作实施监督管理。安全生产监督管理部门和对有关行业、领域的安全生产工作实施监督管理的部门,统称负有安全生产监督管理职责的部门。"

《安全生产法》第九条规定明确了我国目前安全生产监督管理的基本体制:安全生产监督管理部门对安全生产实施综合监督管理,各有关部门对各自领域的安全生产实施监督管理。

第三节 社会公布

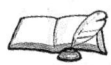【相关法条】

第三十四条 事故处理的情况由负责事故调查的人民政府或者其授权的有关部门、机构向社会公布,依法应当保密的除外。

【法条详解】

本条是关于事故处理情况向社会公布的规定。

问题1:事故处理情况包括哪些内容?

事故处理情况是指事故发生后,经过事故调查,对事故发生单位及事故责任人的处理意见以及落实的情况和信息。具体内容包括:对事故发生单位及其有关部门人员的行政处罚及落实情况、对事故责任人的处理意见及落实情况、防范和整改措施及落实情况等。

问题2:哪些内容依法应当保密?

向社会公布事故的处理情况时,对于依法应当保密的内容,不向社会公布。这里所说的"依法应当保密的内容",既包括依据《保守国家秘密法》《国家安全法》等规定的属于国家秘密的信息,

《生产安全事故报告和调查处理条例》
宣传教育读本

也包括依据其他有关法律、行政法规规定,应当保密的企业商业秘密等。

问题3:事故处理情况由哪些部门负责向社会公布?

事故处理情况可以由负责事故调查的人民政府直接向社会公布,也可以由其授权的有关部门、机构负责向社会公布。

实践中,根据不同的事故等级,公布的主体也会有所不同:

1. 特别重大事故,处理情况由国务院或者其授权的有关部门、机构向社会公布。

2. 重大事故、较大事故、一般事故,处理情况分别由负责事故调查的有关省级人民政府、设区的市级人民政府、县级人民政府或者其授权的有关部门、机构向社会公布。

向社会公布事故处理情况可以是一种形式,也可以同时采用多种形式。

问题4:建立事故处理情况向社会公布制度,主要有哪些作用?

1. 公布事故处理情况,具有宣传、教育和警示的作用。首先是对那些安全生产管理存在薄弱环节甚至重大隐患的生产经营单位及其主要负责人具有警示和提醒作用,促使其吸取教训,对照本单位存在的问题,加强安全生产管理,增加安全生产投入,改善安全生产条件,认真排除事故隐患,更加重视安全生产工作,进而达到预防和减少事故的效果。同时,也有助于使广大社会公众受到教育,增强全社会的安全生产意识,形成人人关心安全生产工作的良好社会氛围。

2. 有利于充分发挥社会的监督作用。将事故处理情况向社会公布,让社会公众了解、掌握事故处理的有关情况,有利于社会公众对事故处理情况,对政府及其有关部门、生产经营单位安全生产管理工作情况的监督;有利于促进事故处理的客观、公正;有利于

第四章　事故处理

进一步改进安全生产工作。

3. 有利于建设公开透明的政府。事故处理情况属于政府公共信息的范畴,依照《政府信息公开条例》的规定,应当向社会公布。这对于建设透明政府,改进政府工作,具有重要的意义。

第五章　法律责任

第一节　主要负责人的违法行为

【相关法条】

第三十五条　事故发生单位主要负责人有下列行为之一的，处上一年年收入40％至80％的罚款；属于国家工作人员的，并依法给予处分；构成犯罪的，依法追究刑事责任：

（一）不立即组织事故抢救的；

（二）迟报或者漏报事故的；

（三）在事故调查处理期间擅离职守的。

【法条详解】

本条是关于事故发生单位主要负责人在事故发生后的有关违法行为应当承担的法律责任的规定。

问题1：怎样理解本条中的三种违法行为？

1. **不立即组织事故抢救**

在事故发生后立即组织事故抢救，是生产经营单位主要负责人的法定义务。《安全生产法》第五条规定："生产经营单位的主要负责人对本单位的安全生产工作全面负责。"该法第八十条规定，单位负责人接到事故报告后，应当迅速采取有效措施，组织抢救，防

第五章 法律责任

止事故扩大,减少人员伤亡和财产损失。《条例》第十四条也明确规定:"事故发生单位负责人接到事故报告后,应当立即启动事故相应应急预案,或者采取有效措施,组织抢救,防止事故扩大,减少人员伤亡和财产损失。"

这里所讲的不立即组织抢救,是指事故发生单位主要负责人客观上能够组织抢救,而不立即组织抢救的情形,不包括事故发生单位主要负责人客观上不能立即组织抢救的情形。

实践证明,抢救的效果与组织抢救是否及时密切相关。在一般情况下,事故发生单位主要负责人是最先接到事故报告的,立即组织抢救能挽救更多的生命,减少财产损失。实践中,一些事故发生单位的主要负责人接到事故报告后,第一反应不是立即组织事故抢救,而是如何逃避事故责任,或者麻木不仁,贻误时机,导致事故扩大、人员伤亡增加或财产损失增加等后果。这是一种严重不负责任的行为,必须给予严厉的法律制裁。

2. 迟报或者漏报事故

及时、准确、如实、完整地报告生产事故,是《安全生产法》第十八条规定的生产经营单位主要负责人的一项重要职责。《条例》第四条也明确规定了事故报告应当及时、准确、完整,任何单位和个人对事故不得迟报、漏报、谎报或者瞒报的总体要求。《条例》第九条更是明确要求,单位负责人接到事故报告后,应当于1小时内向有关部门报告。

所谓迟报事故,是指未按照规定的时间要求报告事故,事故报告不及时的情况。所谓漏报事故,是指对应当上报的事故遗漏未报的情形。漏报是事故发生单位主要负责人非主观故意实施的行为,主要是不负责任所致,区别于瞒报事故。

事故报告是一个自下而上的链锁式系统。事故发生单位主要负责人及时、准确报告事故是这个链锁系统中极为重要的一环。如果

《生产安全事故报告和调查处理条例》
宣传教育读本

事故发生单位主要负责人迟报和漏报事故,必然会引起连锁反应,导致以后环节中事故报告难以及时、准确,并影响到事故救援的组织实施和事故调查的开展。因此,对事故发生单位主要负责人迟报、漏报事故的行为应当追究其法律责任。

3. 在事故调查处理期间擅离职守

《条例》第二十六条明确规定,事故发生单位的负责人和有关人员在事故调查期间不得擅离职守,并应当随时接受事故调查组的询问,如实提供有关情况。在事故调查处理过程中,事故发生单位主要负责人应当坚守岗位。

一方面,事故调查组要查清事故经过和事故原因等,需要向事故发生单位的有关人员了解情况;事故发生单位的主要负责人负责单位的经营管理,对企业的情况最了解,要求其坚守岗位,有利于事故调查组随时向其了解情况。

另一方面,事故发生单位的主要负责人往往是事故责任人,要求其坚守岗位,防止其逃匿,有利于对其追究事故责任。因此,对于事故调查期间擅离职守的主要负责人,应当追究其法律责任。

问题2:违法行为及其责任的主体是谁?

本条规定的违法行为及其责任主体是事故发生单位主要负责人。主要负责人是指对生产经营单位的生产经营活动负有领导责任,对单位的生产经营活动有决策权、指挥权的人。

事故发生单位主要负责人的具体所指,根据事故发生单位的组织形式不同而有所不同:

1. 对于公司制的事故发生单位,根据《公司法》的规定,公司法定代理人依照公司章程的规定,由董事长、执行董事或者经理担任,并依法登记。因此,公司制生产经营单位的主要负责人一般应当是担任法定代表人的董事长、执行董事、经理等。

2. 对于非公司制的企业,主要负责人一般是企业的厂长、经

第五章 法律责任

理、矿长等负责企业经营管理的人。如《全民所有制工业企业法》规定,企业实行厂长(经理)负责制,厂长是企业的法定代理人,对企业负全面责任。

总之,事故发生单位主要负责人需要根据该单位的实际情况确定。对于一个特定的生产经营单位,其主要负责人是特定的。特别需要注意的是,对于有些虽然名义上不在生产经营单位任职,但是实际上控制生产经营单位的管理和经营活动的实际控制人,也要作为生产经营单位的主要负责人承担责任。对此,《国务院关于预防煤矿生产安全事故的特别规定》作了明确规定。

问题3：法律责任的种类和幅度是什么？

1. 罚款

本条规定的罚款数额为事故发生单位主要负责人上一年年收入的40%~80%。这里没有规定固定的罚款数额,主要是考虑到,随着市场经济的发展,市场主体多元化趋势明显,不同组织形式的企业,其主要负责人的收入存在较大甚至是很大的差别。如果规定的罚款数额固定,对于一些高收入的单位负责人而言根本就"无关痛痒",起不到罚款应当具有的威慑和惩罚作用,而有些收入低的单位主要负责人则可能无法承受。因此,《条例》规定按照上一年年收入的一定比率罚款,更为科学、更为合理。

同时,罚款的比率较高,最高可处其上一年年收入80%的罚款,体现了加大处罚力度的指导思想。

2. 处分

如果事故发生单位主要负责人属于国家工作人员,除对其处上一年年收入40%~80%的罚款外,还应当根据《公务员法》等有关法律、行政法规的规定,给予处分。处分的具体种类包括：警告、记过、记大过、降级、撤职、开除等。

这里的国家工作人员是指国家机关委派到企业事业单位任职的

人员。

3. 刑事责任

上述三种违法行为构成犯罪的,依法追究刑事责任。

(1) 不立即组织事故抢救或者在事故调查处理中擅离职守,可能构成《刑法》第一百六十八条规定的国有公司、企业单位人员失职犯罪。

构成该罪应满足三个条件:第一,主体是国有公司、企业的工作人员(事故发生单位属于国有企业的,其主要负责人符合该条件);第二,实施了严重不负责任或者滥用职权的行为(发生事故后,不立即组织抢救,是一种严重不负责任的行为);第三,在客观上造成了严重损失(事故发生后,不立即组织抢救,可能导致事故扩大,造成严重损失)。

根据《刑法》第一百六十八条的规定,构成本罪的,处三年以下有期徒刑或者拘役;致使国家利益遭受特别重大损失的,处三年以上七年以下有期徒刑。

(2) 迟报或者漏报事故,如果情节严重,可能构成《刑法修正案(六)》所规定的不报或者谎报事故罪。

《刑法修正案(六)》第四项规定,在《刑法》第一百三十九条后增加一条,作为第一百三十九条之一:"在安全事故发生后,负有报告职责的人员不报告或者谎报事故情况,贻误事故抢救,情节严重的,处三年以下有期徒刑或者拘役;情节特别严重的,处三年以上七年以下有期徒刑。"

【小资料】

事故处理中的刑事责任

事故处理中的刑事责任主要涉及危害公共安全罪中的重大事故罪、渎职罪。《刑法》第131~139条、第143条及《刑法修正案

第五章 法律责任

（六）》，都对此做了明确规定。《条例》对因投资人安全投入不足、管理人员不履行安全生产职责、违章作业、违章指挥等行为的刑事责任，都予以明确。同时《条例》对公安机关的职责，作了两点规定：

1. 以往的事故调查过程中，事故调查完结，需要追究刑事责任的，由事故调查组提出，并作出事故处理的批复，移交公安机关立案侦查。而现在，根据《条例》的规定，公安机关根据事故情况，当时发现有涉嫌犯罪的，可以立即立案进行侦查。或者事故调查组在事故调查完结后，发现有涉嫌犯罪的行为，也可以要求公安机关立案调查。

根据2008年6月最高人民法院、最高人民检察院、公安部、监察部、国家安全生产监督管理总局关于严格依法及时办理危害生产安全刑事案件的通知，如果事故调查组作出了对涉嫌犯罪的有关人员立案侦查的决定，公安机关必须立案进行侦查；不能立案的，必须向原调查机关说明原因。调查的结果，检察机关、法院的判决结果，以及作出不予判决的决定，都要向原事故调查机关进行通报和说明。

2. 对瞒报、发生事故后生产单位负责人逃逸的情况，在《企业职工伤亡事故报告和处理规定》和《特别重大事故调查程序暂行规定》里没有规定。《条例》里规定，犯罪嫌疑人如果逃逸，由公安机关负责抓捕归案。

第二节 有关人员法律责任

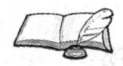 【相关法条】

第三十六条 事故发生单位及其有关人员有下列行为之一的，对事故发生单位处100万元以上500万元以下的罚款；对主要负责

《生产安全事故报告和调查处理条例》宣传教育读本

人、直接负责的主管人员和其他直接责任人员处上一年年收入60%至100%的罚款；属于国家工作人员的，并依法给予处分；构成违反治安管理行为的，由公安机关依法给予治安管理处罚；构成犯罪的，依法追究刑事责任：

（一）谎报或者瞒报事故的；

（二）伪造或者故意破坏事故现场的；

（三）转移、隐匿资金、财产，或者销毁有关证据、资料的；

（四）拒绝接受调查或者拒绝提供有关情况和资料的；

（五）在事故调查中作伪证或者指使他人作伪证的；

（六）事故发生后逃匿的。

【法条详解】

本条是关于事故发生单位及其有关人员法律责任的规定。

问题1：为什么本条规定了以上六种违法行为？

1. 谎报或者瞒报事故

第五章 法律责任

谎报事故是指不如实报告事故，比如，谎报事故死亡人数，将重大事故报告为一般事故等。瞒报事故是获知发生事故后，对事故情况隐瞒不报。

谎报或者瞒报事故比迟报、漏报事故性质更恶劣，后果更严重，直接导致有关机关得到错误的事故信息或者根本不知道发生了事故，也就谈不到有效组织事故抢救和开展事故调查。

实践中，事故发生后，事故发生单位及其有关人员为了减轻或者逃避事故责任，谎报或者瞒报事故的现象屡有发生，法律的尊严被践踏，社会影响十分恶劣，对此种违法行为应当给予严厉的法律制裁。

2. 伪造或者故意破坏事故现场

事故现场是查找事故发生原因、判定事故性质最主要的信息来源，真实、完整的事故现场是事故调查组开展事故调查工作的必要条件。因此，保护事故现场是发生事故后的一项重要工作。《安全生产法》第八十条明确规定，单位负责人不得破坏事故现场。《条例》第十六条第一款也明确规定："事故发生后，有关部门单位和人员应当妥善保护事故现场及相关证据，任何单位和个人不得破坏事故现场、毁灭相关证据。"因此，对伪造事故现场或者破坏事故现场的行为必须依法追究。

3. 转移、隐匿资金、财产，或者销毁有关证据、资料

事故发生单位及其有关人员为了逃避罚款的处罚和应承担的经济补偿责任，在事故发生后及事故调查处理期间，往往将资金或者财产转移、隐匿，导致在事故责任追究中，对其实施罚款的行政处罚难以落实，对事故受害者或者其家属的经济补偿不能实现，最后政府不得不为企业事故"埋单"，这种事例在现实中已屡见不鲜。因此，《条例》对转移、隐匿资金、财产的行为，规定了相应的法律责任。

同时,《条例》第十六条明确规定,有关单位和人员应当妥善保护事故现场及相关证据,任何单位和个人不得破坏事故现场、毁灭相关证据。对销毁有关证据、资料的行为,也必须追究法律责任。

4. 拒绝接受调查或者拒绝提供有关情况和资料

事故发生后,事故发生单位及其有关人员应当配合事故调查组进行事故调查,包括接受询问、提供有关部门情况和资料等。

《条例》第二十六条第一款和第二款对此作了明确规定:"事故调查组有权向有关单位和个人了解与事故有关的情况,并要求其提供相关文件、资料,有关单位和个人不得拒绝。事故发生单位的负责人和有关人员在事故调查期间不得擅离职守,并应当随时接受事故调查组的询问,如实提供有关情况。"

事故发生单位主要负责人和其他有关人员不履行上述配合义务的,要追究其法律责任。

5. 在事故调查中作伪证或者指使他人作伪证

实践中,事故发生单位及其有关部门人员为了开脱责任,故意作伪证或者指使他人作伪证,严重干扰、阻碍事故调查的正常开展,甚至使事故调查误入歧途。因此,《条例》对作伪证或者指使他人作伪证的行为规定了明确的法律责任。

6. 事故发生后逃匿

一旦发生责任事故,事故责任人往往要受到行政处罚甚至刑事追究,事故发生单位的主要负责人、直接负责的主管人员和其他直接责任人是事故责任追究的主要对象,也是事故发生后最可能逃匿的人员。为了顺利调查事故,有效追究事故责任,必须防止上述人员在事故发生后逃匿。《条例》第十七条规定了犯罪嫌疑人逃匿的,公安机关应当迅速追捕归案。因此,对于逃匿的有关人员,都应追究其相应的法律责任。

第五章　法律责任

问题 2：违法行为及其责任主体是谁？

本条规定的违法行为及其责任主体是事故发生单位及其有关人员，包括事故发生单位主要负责人、直接负责的主管人员和其他直接责任人员。

"直接负责的主管人员"是指对事故发生单位的安全生产管理、安全生产设施或者安全生产条件不符合国家规定并导致事故发生负有直接责任的单位负责人（不包括主要负责人）、管理人员等。

"其他直接责任人员"则是指事故发生单位除主要负责人和直接负责的主管人员以外，其他对事故发生直接负有责任的任何人员。

问题 3：法律责任的种类和幅度是什么？

1. 罚款

对事故发生单位，处 100 万元以上 500 万元以下的罚款，具体数额的确定由执法机关考虑情节轻重及造成后果的程度等因素确定；对主要负责人、直接负责的主管人员和其他直接责任人员，处上一年年收入 60% 至 100% 的罚款，具体比例由执法机关考虑上述人员实施违法行为的主观恶性、情节轻重、造成的后果等因素进行裁量。

可以看出，本条规定的罚款力度是比较大的，对生产经营单位最低罚款起点是 100 万元，最高可达 500 万元，对有关人员最高可处其上一年年收入 100% 的罚款。这主要是因为，《条例》规定的几项违法行为，性质都比较恶劣，影响很坏，必须加大处罚力度。

2. 处分

如果事故发生单位的主要负责人、直接负责的主管人员和其他直接责任人员属于国家工作人员，除对其进行上述罚款的行政处罚外，还应当依照有关法律、行政法规规定的处罚种类及程序对其进行处分。

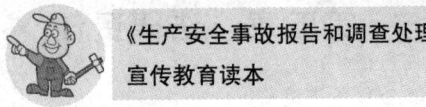

处分的具体种类包括：警告、记过、记大过、降级、撤职、开除等。

3. 治安处罚

《治安管理处罚法》第六十条规定了伪造、隐匿、毁灭证据或者提供虚假证言、谎报案情，影响行政执法机关依法办案的行为，可以构成违反治安管理的行为。

本条规定的六种违法行为中，伪造或者破坏事故现场可能构成伪造或者毁灭证据的行为，作伪证或者指使他人作伪证可能构成提供虚假证言的行为，销毁证据、材料属于毁灭证据的行为。根据《治安管理处罚法》第六十条的规定，处五日以上十日以下拘留。

4. 刑事责任

违法行为人有本条规定的违法行为，构成犯罪的，依法追究刑事责任。例如，2006年6月29日全国人民代表大会常务委员会通过的《刑法修正案（六）》，专门增加了不报或者谎报事故罪。谎报或者瞒报事故的行为可能构成不报或者谎报事故的犯罪。该犯罪的主体是负有报告责任的人员：事故发生单位主要负责人、直接负责的主管人员和其他直接责任人员构成该犯罪的，处三年以下有期徒刑或者拘役；情节特别严重的，处三年以上七年以下有期徒刑。

对于伪造或者故意破坏事故现场，转移、隐匿资金，拒绝接受调查或者拒绝提供有关资料的行为，还有可能构成《刑法》第二百七十七条规定的妨害公务罪。

问题4：为什么要严厉打击瞒报行为？

事故瞒报不仅违法，而且损害国家、集体和个人利益，危害甚大。

首先，国家安全生产管理部门得不到准确的伤亡统计数据，直接影响对全国安全生产形势的认识以及有关决策的制定。

其次，企业为了瞒报事故，很难认真调查事故原因，无法吸取

第五章 法律责任

教训,防范措施不到位,事故隐患不能及时排除,往往导致事故的重复发生。

最后,私了只能满足受害职工眼前利益。过后出现工伤职工旧伤复发、企业经济效益不好、下岗等情况,职工和企业发生纠纷时,由于没有事故记载、伤残鉴定等,利益受到损害的是受伤职工本人。

因而,只有按规定报告事故,才能及时组织对事故的查处,才能认真地吸取教训,制定有效措施,防止同类事故的发生。

【小资料】

我国生产安全事故瞒报现象司空见惯

近几年来,我国生产安全事故频发,煤矿生产安全事故尤为严重。而在事故发生后,瞒报现象司空见惯。据报道,山西省左云县2004年12月—2005年4月,就有6起煤矿事故被瞒报。2006年国家安全生产监督管理总局收到事故举报426件,经查实的有89件,这些事故死亡人数204人。2007年第一季度全国有15起事故被瞒报,其中12起为煤矿事故瞒报。

在加大对违法行为的惩处力度方面,《条例》所做的规定

《条例》对在事故报告和调查处理中的违法行为以及未履行安全生产职责导致事故发生等行为,都规定了力度较大的惩处措施,包括行政处罚、处分以及刑事责任等。其中的行政处罚既有财产罚,又有资格罚,目的在于进一步加大处罚力度,有效地预防事故发生。

例如,对事故发生单位最高可处100万元以上500万元以下的罚款,对其主要负责人、直接负责的主管人员和其他直接责任人员,最高可处上一年年收入60%~100%的罚款;对负有责任的事故发生单位依法暂扣或者吊销其有关证照,对其负有事故责任的有关人员，依法暂停或者撤销其与安全生产有关的执业资格、岗位证书。

第三节 事故单位的法律责任

【相关法条】

第三十七条 事故发生单位对事故发生负有责任的，依照下列规定处以罚款：

（一）发生一般事故的，处10万元以上20万元以下的罚款；

（二）发生较大事故的，处20万元以上50万元以下的罚款；

（三）发生重大事故的，处50万元以上200万元以下的罚款；

（四）发生特别重大事故的，处200万元以上500万元以下的罚款。

【法条详解】

本条是关于对事故发生负有责任的事故发生单位法律责任的规定。

问题1：怎样理解"事故发生单位对事故发生负有责任的"？

生产经营单位是安全生产的责任主体，《安全生产法》及有关法律法规对生产经营单位的安全生产责任作了明确规定。

所谓"事故发生单位对事故发生负有责任的"，是指事故发生单位没有履行相应的安全生产职责，导致事故发生的情形。

问题2：为什么要对负有责任的事故发生单位进行罚款？

作为安全生产责任主体的生产经营单位不落实安全生产责任，是我国目前事故多发的重要原因之一。为了加大事故成本，促使生产经营单位切实落实安全生产责任，促进安全生产形势的进一步好

第五章 法律责任

转,预防和减少事故,应当对负有责任的事故发生单位施以重罚。

【小提示】

本条规定,事故发生单位对事故发生负有责任的,根据所发生事故的等级,处以较大数额的罚款。事故等级越高,处罚也就越严厉。等级事故与负有责任的单位的罚款数额相互衔接,且每一等级事故的罚款数额都有一定的幅度,罚款的具体数额由执法机关根据事故严重程度、事故原因、事故责任单位应负责任等情况裁量确定。

需要说明的是,本条虽然规定对事故发生单位根据事故等级处以罚款,但并不属于单纯的"事故罚",即一出事故就罚款,而是在事故发生单位对事故发生负有责任的情况下才处以罚款,目的是加大事故成本,促进生产经营单位加强安全生产工作。

第四节 主要负责人的处罚

【相关法条】

第三十八条 事故发生单位主要负责人未依法履行安全生产管理职责,导致事故发生的,依照下列规定处以罚款;属于国家工作人员的,并依法给予处分;构成犯罪的,依法追究刑事责任:

(一)发生一般事故的,处上一年年收入30%的罚款;

(二)发生较大事故的,处上一年年收入40%的罚款;

(三)发生重大事故的,处上一年年收入60%的罚款;

(四)发生特别重大事故的,处上一年年收入80%的罚款。

【法条详解】

本条是关于事故发生单位主要负责人未依法履行安全生产管理职责的法律责任的规定。

问题1：违法行为及其责任主体是谁？

本条规定的违法行为及其责任主体是事故发生单位的主要负责人。

问题2：实践中执行本条要注意哪些问题？

1. 本条规定并不是单纯的"事故罚"。只有事故发生单位的主要负责人未履行安全生产管理职责，导致事故发生的，才依照本条规定处罚。如果主要负责人已经依法履行了安全生产管理职责，事故仍然发生的，则不应当追究其责任。

2. 生产经营单位主要负责人未履行安全生产管理职责，但未导致事故发生的，应依照其他有关安全生产的法律法规的规定处罚，不能依照本条规定处罚。

问题3：单位主要负责人的安全生产管理职责包含哪些内容？

《安全生产法》第五条明确规定："生产经营单位的主要负责人对本单位的安全生产工作全面负责。"

《安全生产法》第十八条规定，生产经营单位主要负责人对本单位安全生产工作负有下列职责：

1. 建立、健全本单位安全生产责任制。
2. 组织制定本单位安全生产规章制度和操作规程。
3. 组织制定并实施本单位安全生产教育和培训计划。
4. 保证本单位安全生产投入的有效实施。
5. 督促、检查本单位的安全生产工作，及时消除生产安全事故隐患。

第五章 法律责任

6. 组织制定并实施本单位的生产安全事故应急救援预案。

7. 及时、如实报告生产安全事故。

此外，其他有关安全生产的法律法规对生产经营单位主要负责人的安全生产管理职责也有规定。

问题 4：法律责任的种类和幅度是什么？

1. 罚款

罚款以其上一年年收入为基数，并根据发生事故的等级确定具体的比例。需要明确的是，罚款的数额是上一年年收入的特定比例，没有自由裁量幅度。

本条关于罚款的规定，将事故等级与罚款数额直接挂钩，具有一定的创新性，体现了后果与责任相适应的理念，根本目的还是促使生产经营单位主要负责人依法严格履行安全生产管理职责，防止和减少事故发生。

2. 处分

如果事故发生单位的主要负责人属于国家工作人员，除对其进行上述罚款的行政处罚外，还应当依照有关法律法规的规定，对其给予处分。处分的具体种类包括：警告、记过、记大过、降级、撤职、开除等。

3. 刑事责任

事故发生单位主要负责人未依法履行安全生产管理职责，导致事故发生，构成犯罪的，依法追究其刑事责任。例如，按照规定，生产经营单位主要负责人应当监督、检查本单位的安全生产工作，及时消除生产安全事故隐患。如果生产经营单位主要负责人未依法履行这一法定职责，对本单位劳动安全设施存在的问题，经职工或有关监督管理部门提出后未采取相应措施予以解决，及时消除这方面的事故隐患，结果导致发生重大事故的，就应当依照《刑法》第一百三十五条关于重大劳动安全事故罪的规定，追究其刑事责任。

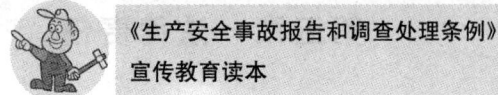

生产经营单位的主要负责人依照该条规定受刑事处罚或者撤职处分的,自刑罚执行完毕或者受处分之日起,5年内不得担任任何生产经营单位的主要负责人。

第五节 政府及有关部门的违法行为

【相关法条】

第三十九条 有关地方人民政府、安全生产监督管理部门和负有安全生产监督管理职责的有关部门有下列行为之一的,对直接负责的主管人员和其他直接责任人员依法给予处分;构成犯罪的,依法追究刑事责任:

(一)不立即组织事故抢救的;

(二)迟报、漏报、谎报或者瞒报事故的;

(三)阻碍、干涉事故调查工作的;

(四)在事故调查中作伪证或者指使他人作伪证的。

【法条详解】

本条是关于有关地方人民政府、有关部门及其人员法律责任的规定。

问题1:违法行为及其责任主体是谁?

本条规定的违法行为主体是有关地方人民政府、安全生产监督管理部门和负有安全生产监督管理职责的有关部门。

责任主体则是有关地方人民政府、安全生产监督管理部门和负有安全生产监督管理职责的有关部门直接负责的主管人员和其他直接责任人员。

有关地方人民政府既包括乡镇政府,也包括县级、设区的市级

第五章　法律责任

及省级人民政府。上述单位如果有本条规定的四种违法行为之一的,对该单位的直接负责的主管人员和其他直接责任人员进行相应的处罚。

直接负责的主管人员,是在单位实施的犯罪中起决定、批准、授意、纵容、指挥等作用的人员,一般是单位的主管负责人,包括法定代表人。

其他直接责任人员,是在单位犯罪中具体实施犯罪并起较大作用的人员,既可以是单位的经营管理人员,也可以是单位的职工,包括聘任、雇用的人员。

问题2：违法行为的种类有哪些？

1. 不立即组织事故抢救

组织事故抢救是有关地方人民政府、安全生产监督管理部门和负有安全生产监督管理职责的有关部门的法定职责。事故发生后,事故发生单位应当在第一时间组织事故救援。当事故报告到有关人民政府、安全生产监督管理部门和负有安全生产监督管理职责的有关部门后,政府和有关部门的负责人应当立即赶赴事故现场,组织事故救援。不立即组织事故抢救是指上述单位在接到事故报告后,出于种种原因,没有在第一时间组织事故救援的情形。

2. 迟报、漏报、谎报或者瞒报事故

事故发生单位或者事故现场有关人员将事故报告有关政府部门后,接到事故报告的政府部门应当根据《条例》的规定及时、准确地逐级上报事故。

不管是最初接到事故报告的部门还是接到上报事故的部门,如果需要上报事故,都应当按照规定的时间及时、准确地上报事故。不能拖延不报,更不能漏报、谎报或者瞒报。

3. 阻碍、干涉事故调查工作

事故调查工作是依法组成的事故调查组查明事故原因、分清事

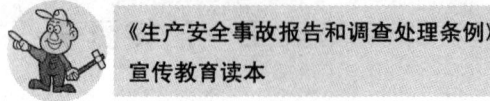

故责任的活动。要保证事故调查工作顺利进行，保证事故调查结果客观、公正，就需要事故调查组能够独立开展事故调查工作。因此，《条例》第七条明确规定了任何单位和个人不得阻挠和干涉对事故的报告和依法调查处理。

实践中，有关地方人民政府、安全生产监督管理部门和负有安全生产监督管理职责的有关部门有时可能与发生的事故具有利害关系，为了保护地方利益或者部门利益，有可能以各种方式阻碍、干涉事故调查工作，其性质恶劣，后果严重，社会影响很坏，应当追究有关人员的法律责任。

4．在事故调查中作伪证或者指使他人作伪证

事故调查中，有关地方人民政府、安全生产监督管理部门和负有安全生产监督管理职责的有关部门应当密切配合事故调查组做好事故调查工作。

事故发生地有关地方人民政府、安全生产监督管理部门和负有安全生产监督管理职责的有关部门往往与事故发生单位具有监督管理关系，在一定程度上掌握和了解事故发生单位的有关情况，在事故调查中应当如实提供有关材料、情况。

实践中，有的地方人民政府、安全生产监督管理部门和负有安全生产监督管理职责的有关部门出于隐瞒事故真相、逃避事故责任，大事化小、小事化了等目的，在事故调查中作伪证，严重干扰、影响事故调查的顺利进行，使事故调查难以客观、公正，影响事故性质的认定及事故责任人的责任追究等，必须依法予以严惩。

问题3：法律责任的种类和幅度是什么？

1．处分

有关地方人民政府、安全生产监督管理部门和负有安全生产监督管理职责的有关部门构成上述违法行为之一的，根据有关法律法规，对该单位直接负责的主管人员和其他直接责任人员给予处分。

第五章 法律责任

处分的具体种类包括：警告、记过、记大过、降级、撤职、开除等。

2. 刑事责任

有下列上述违法行为，构成犯罪的，依法追究刑事责任。

(1) 不立即组织事故抢救和阻碍、干涉事故调查工作、作伪证或者指使他人作伪证，这三种行为可能构成《刑法》第三百九十七条规定的国家机关工作人员滥用职权、玩忽职守的行为。

构成本条犯罪的条件是：第一，主体为国家机关工作人员；第二，客观上实施了滥用职权、玩忽职守的行为；第三，客观上造成了公共财产、国家和人民利益遭受重大损失。

本条规定的有关单位不立即组织事故抢救和阻碍、干涉事故调查工作、作伪证这三种行为符合上述要件。根据《刑法》的规定构成本罪的，处三年以下有期徒刑或者拘役；情节特别严重的，处三年以上七年以下有期徒刑。

(2) 迟报、漏报、谎报或者瞒报事故可能构成《刑法修正案（六）》规定的不报或者瞒报事故的犯罪。

构成犯罪的条件：第一，主体是负有报告职责的人员；第二，客观上实施了不报或者瞒报事故的行为；第三，客观上造成了延误事故抢救的后果。

有关地方人民政府、安全生产监督管理部门和负有安全生产监督管理职责的有关部门迟报、漏报、谎报或者瞒报事故符合上述条件，构成该罪，情节严重的，处三年以下有期徒刑或者拘役；情节特别严重的，处三年以上七年以下有期徒刑。

《生产安全事故报告和调查处理条例》
宣传教育读本

【小资料】

《条例》对迟报、漏报、谎报、瞒报问题的解决

实践中,迟报、谎报、瞒报或者漏报事故的情况虽然只是极少数,但影响很恶劣。针对这些问题,《条例》在明确事故报告应当及时、准确、完整,任何单位和个人对事故不得迟报、谎报、瞒报和漏报这一总体要求的同时,还从四个方面作了规定:

1. 进一步落实事故报告责任

事故现场有关人员、事故发生单位的主要负责人、安全生产监督管理部门和负有安全生产监督管理职责的有关部门,以及有关地方人民政府,都有报告事故的责任。

2. 明确事故报告的程序和时限

事故发生后,事故现场有关人员应当立即向本单位负责人报告,单位负责人应当于1小时内向事故发生地县级以上人民政府安全生产监督管理部门和负有安全生产监督管理职责的有关部门报告。安全生产监督管理部门和负有安全生产监督管理职责的有关部门接到事故报告后,应当按照事故的级别逐级上报事故情况,并且每级上报的时间不得超过2小时。

3. 规范事故报告的内容

事故报告的内容应当包括事故发生单位概况、事故发生的时间、地点、简要经过和事故现场情况,事故已经造成或者可能造成的伤亡人数和初步估计的直接经济损失,以及已经采取的措施等。事故报告后出现新情况的,还应当及时补报。

4. 建立值班制度

为了方便人民群众报告和举报事故,强化社会监督,《条例》规定,安全生产监督管理部门和负有安全生产监督管理职责的有关部门应当建立值班制度,受理事故报告和举报。

第五章 法律责任

第六节 中介机构法律责任

【相关法条】

第四十条 事故发生单位对事故发生负有责任的,由有关部门依法暂扣或者吊销其有关证照;对事故发生单位负有事故责任的有关人员,依法暂停或者撤销其与安全生产有关的执业资格、岗位证书;事故发生单位主要负责人受到刑事处罚或者撤职处分的,自刑罚执行完毕或者受处分之日起,5年内不得担任任何生产经营单位的主要负责人。

为发生事故的单位提供虚假证明的中介机构,由有关部门依法暂扣或者吊销其有关证照及其相关人员的执业资格;构成犯罪的,依法追究刑事责任。

【法条详解】

本条是关于事故发生单位及其有关责任人员的资格罚以及提供虚假证明的中介机构法律责任的规定。

问题1:怎样理解本条规定对"事故发生单位"的处罚?

本条规定,事故发生单位对事故发生负有责任的,由有关部门依法暂扣或者吊销其有关证照。

1."有关证照",是指其依法取得的各类许可、审批证件以及营业执照,具体种类根据其所从事的生产经营活动的不同而有所不同。

2."依法暂扣或者吊销",是指必须依法由颁发该许可证或者执照的行政机关实施,其他任何机关和个人都无权吊扣不属于自己颁发的证照。例如,事故发生单位营业执照的吊扣,只能由工商行

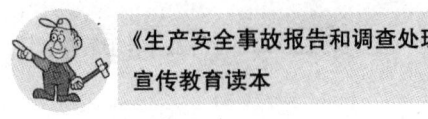

政管理部门实施。

由于暂扣或者吊销有关证照构成对行政相对人权利的限制甚至剥夺，这一行政处罚必须有明确的适用对象。本条规定的资格罚适用于对事故发生负有责任的事故发生单位，即只有在事故发生单位负有事故责任的情况下，有关部门才可以暂扣或者吊销事故发生单位的有关证照。

由事故调查组提交的、经组织事故调查的有关人民政府批复的事故调查报告对于事故责任的认定，是判断事故发生单位是否负有事故责任的依据，也是有关部门对事故发生单位适用资格罚的依据。

问题2：处理负有事故责任的有关人员时，怎样理解"依法暂停或者撤销其与安全生产有关的执业资格、岗位证书"？

1."与安全生产有关的执业资格、岗位证书"，是指生产经营单位有关人员从事与安全生产有关的活动，按照法律法规或者国家有关规定必须取得的资格、证书等。

2."依法暂停或者撤销"有关安全生产的执业资质、岗位证书的主体，同样是有权颁发或者授予该执业资格和岗位证书的部门。

问题3：怎样理解本条规定对"事故发生单位主要负责人"的处罚？

事故发生单位主要负责人受到刑事处罚或者撤职处分的，自刑罚执行完毕或者受处分之日起，5年内不得担任任何生产经营单位的主要负责人。作为《安全生产法》的配套行政法规，《条例》的这项规定是对《安全生产法》第九十一条规定的具体化、特定化。本条规定具体包括以下内容：

1.本条规定的适用对象仅限于事故发生单位主要负责人。

2.只有在主要负责人被判处刑事处罚或者属于国家工作人员的主要负责人受到撤职的行政处分的情况下，才能被判处上述资格

第五章 法律责任

罚。其中,主要负责人受过的刑事处罚一般应当限于因安全生产事故责任而受到的刑事处罚,既包括受到管制、拘役、有期徒刑、无期徒刑等主刑的处罚,也包括受到罚金、剥夺政治权利、没收财产等附加刑的刑事处罚。

3. 这项资格罚的时间限制为 5 年。即自刑罚执行完毕或者受撤职处分之日起计算,5 年内不得担任任何生产经营单位的主要负责人,5 年后则不再受到上述处罚的限制。

问题 4:怎样理解本条第二款的规定?

1. "中介机构",是指接受有关生产经营单位或者安全生产监管部门以及事故调查组委托,进行安全评价、认证、检测检验、鉴定等技术服务的中介机构。

2. "提供虚假证明",是指提供技术服务的中介机构虚构事实、隐瞒真相,提供与实际情况严重不符的安全评价报告,认证、鉴定结论或者有关检测检验数据的证明文件等。

3. "有关部门",是指颁发或授予中介机构及其相关人员证照或资格的有关部门和组织。

4. "有关证照及其相关人员的执业资格",是指安全生产领域的技术服务资质和相关人员的执业资格,主要包括安全评价机构的甲级资质证书、乙级资质证书,以及安全评价人员资格、注册安全工程师资格等。

5. "构成犯罪",是指构成提供虚假证明文件罪。该罪的构成要件为:

(1) 该罪侵犯的客体是安全生产监督管理制度和社会主义市场经济秩序。

(2) 客观方面,有提供虚假证明文件的行为且情节严重。"情节严重"主要是指提供虚假证明文件手段恶劣或者虚假的内容严重失实并造成重大安全事故等严重后果。

(3)主体是从事资产评估、验资、验证、会计、审计、法律等服务的中介组织的个人。

(4)主观方面,故意提供虚假证明文件。

【小案例】

河北艾家沟矿业有限公司"2·28"重大火灾事故事故经过

2013年2月28日19时43分,河北省冀中能源张矿集团怀来艾家沟矿业有限公司(以下简称艾家沟矿业公司)井下发生一起重大火灾事故,造成13人死亡,直接经济损失1 425.08万元。

事故原因

1. 直接原因

维修密闭作业时使用的无煤安标志的空气压缩机着火,引燃附近区域巷道木支护,产生大量有毒、有害气体,造成下风侧13名工人一氧化碳中毒死亡。

2. 间接原因

(1)艾家沟矿业公司安全主体责任落实不到位。

(2)张矿集团对艾家沟矿业公司长期存在的重大安全隐患未能及时排查、管控和处置。

(3)怀来县、新保安镇政府及其有关部门对艾家沟矿业公司安全监管不力。

事故性质

经调查分析认定,河北省冀中能源张矿集团怀来艾家沟矿业有限公司"2·28"重大火灾事故是一起责任事故。

对艾家沟矿业公司实施行政处罚的建议

1. 由河北煤矿安全监察局张家口分局对艾家沟矿业公司处以100万元罚款。

第五章 法律责任

2. 由河北煤矿安全监察局张家口分局对艾家沟矿业公司总经理李建义处以上一年年收入60%的罚款;终身不得担任煤炭行业的矿长(董事长、总经理)职务,由颁发证照的部门吊销其矿长资格证、安全资格证。

3. 依据有关法律法规和文件规定,吊销艾家沟矿业公司相关证照,由怀来县人民政府依法组织对其实施关闭。

【小资料】

资格罚

资格罚,又称行为罚或者能力罚,是行政处罚的一种形式,是限制或者剥夺违反行政法规范的行政相对人特定的资格(能力)的一种行政处罚。因为在特定行政管理领域,行政相对人的特定行为须经行政许可才能获取相应资格。因此,这种限制或者剥夺特定资格、资质的处罚往往被视为仅次于人身罚的一种严厉的行政处罚,主要包括责令停产停业、暂扣或者吊销许可证、暂扣或者吊销执照等种类。

第七节 调查人员法律责任

【相关法条】

第四十一条 参与事故调查的人员在事故调查中有下列行为之一的,依法给予处分;构成犯罪的,依法追究刑事责任:

(一)对事故调查工作不负责任,致使事故调查工作有重大疏漏的;

(二)包庇、袒护负有事故责任的人员或者借机打击报复的。

【法条详解】

本条是关于参与事故调查的人员有关违法行为应承担的法律责任的规定。

问题1：违法行为及其责任主体是谁？

本条规定的违法行为及其责任主体是参与事故调查的人员，包括有关人民政府、有关部门、工会、发生事故的企业的人员以及专家等。

问题2：参与事故调查的人员的违法行为有哪些？

1. 对事故调查工作不负责任，致使事故调查工作有重大疏漏

(1)"对事故调查工作不负责任"，既有主观态度上的，如思想不重视、责任心不强，也有具体行为上的，如行为懈怠、拖拉、不履行或者不适当履行工作职责等。

(2)"事故调查工作有重大疏漏"是指因参与事故调查的人员对事故调查工作不负责任，导致事故原因、经过没有查明或者难以查明，事故责任无法认定，对事故责任人的处理建议依据不足等情形。

"致使事故调查工作有重大疏漏"，是指对事故调查工作不负责任的后果。如果只是一般的不负责任，没有造成严重后果的，则不按照此条追究法律责任，可以做其他处理。同时，对工作不负责任与事故调查工作有重大疏漏之间须有直接因果关系。

2. 包庇、袒护负有事故责任的人员或者借机打击报复

(1)"包庇、袒护"，是指在事故调查过程中，参与事故调查的人员为负有事故责任的人员提供隐藏处所或者财物资助以帮助其逃匿，或者通过隐瞒事实、掩盖真相的做法，意图使应当承担事故责任的人员逃避追究责任或者只追究较轻的责任等。

第五章 法律责任

（2）"借机打击报复"则指参与事故调查的人员利用参与事故调查工作之便，对有关人员打击、报复，公报私仇的行为。

需要注意的是，"包庇、袒护"和"借机打击报复"的主观过错属于故意。

问题3：参与事故调查的人员的法律责任有哪些？

1. 处分

参与事故调查的人员在事故调查中有上述行为之一的，首先要依法给予处分。其中，行政处分适用于参与事故调查的国家工作人员，主要包括在国家机关中从事公务的国家机关人员，国有公司、企业、事业单位、人民团体中从事公务的人员，国家机关及其他国有单位委派到非国有单位从事公务的人员，以及其他依照法律从事公务的人员，不适用于参与事故调查的有关专家及负责组织调查的事故发生单位的非国家工作人员。对其他人员，可以依法给予相应的纪律处分等。

2. 刑事责任

参与事故调查的人员在事故调查中有上述违法行为之一，构成犯罪的，依法追究刑事责任。需要说明的是，这里构成犯罪、承担刑事责任的主体不限于国家工作人员，而是包括前述所有参与事故调查的人员。这里讲的构成犯罪、依法追究刑事责任，主要是指可能构成《刑法》规定的以下犯罪：

（1）《刑法》第三百九十七条规定的滥用职权罪、玩忽职守罪。

（2）《刑法》第三百一十条规定的窝藏、包庇罪。

（3）《刑法》第二百五十四条规定的报复陷害罪。

（4）《刑法》第二百五十五条规定的打击报复会计、统计人员罪。

第八节　政府及有关部门的法律责任

**【相关法条】**

第四十二条　违反本条例规定，有关地方人民政府或者有关部门故意拖延或者拒绝落实经批复的对事故责任人的处理意见的，由监察机关对有关责任人员依法给予处分。

【法条详解】

本条是关于有关地方人民政府或者有关部门不依法落实对事故责任人的处理意见的法律责任的规定。

问题1：怎样理解"违反本条例规定"？

这里所说的"违反本条例规定"，主要是指违反《条例》第三十二条第二款的规定。按照该款的规定，有关机关应当按照人民政府的批复，依照法律、行政法规规定的权限和程序，对事故发生单位和有关人员进行行政处罚，对负有事故责任的国家工作人员进行处分。

问题2：本条规定的违法行为的主体、责任主体、实施处分的主体分别是谁？

1. 违法行为的主体是有关地方人民政府或者有关部门。

2. 责任主体是有关地方人民政府或者有关部门的有关责任人员。有关责任人员，包括直接负责的主管人员和其他直接责任人员，可能是政府或者有关部门的领导人员或者一般工作人员。

3. 实施处分的主体是监察机关，即由监察机关对地方人民政府或者有关部门的有关责任人员给予处分。

《中华人民共和国行政监察法》第二条规定："监察机关是人民

第五章 法律责任

政府行使监察职能的机关,依照本法对国家行政机关及其公务员和国家行政机关任命的其他人员实施监察。"

监察机关隶属于各级人民政府,是各级人民政府行使监察职能的机关,是管理行政监察事务的行政机关。中央政府设立监察部,省、自治区政府设立监察厅,在直辖市、地级市、自治州、县级(包括县级市、区、自治县)人民政府中设有监察局(直辖市的区、盟、行署、铁路局设监察处),与党的纪律检查委员会合署办公,实行"一套工作机构,两个机关名称"的体制。

问题3:怎样理解本条规定的违法行为?

本条规定的违法行为是"故意拖延或者拒绝落实经批复的对事故责任人的处理意见"。这一违法行为由主观要件和客观要件共同构成。

首先,主观上必须是故意的。因不可抗力、客观不能或者其他合理原因无法落实对事故责任人的处理意见的,不符合这一违法行为的构成要件,因而也就不需要承担相应的法律责任。

其次,客观上必须有拖延或者拒绝落实对事故责任人处理意见的行为。所谓拖延,是指久拖不办,或者阳奉阴违,使事故责任人迟迟得不到处理。拒绝落实,既包括有关人民政府或者有关部门以明示的方式表示拒绝落实,也包括其通过外在的行为拒不落实的情况。

问题4:怎样理解"依法给予处分"?

监察机关给予处分的法律依据,主要是指《行政监察法》《公务员法》《行政机关公务员处分条例》《行政监察法实施条例》《安全生产领域违法违纪行为政纪处分暂行规定》的相关规定,对不依法落实经批复的对事故责任人的处理意见的有关责任人员给予处分。

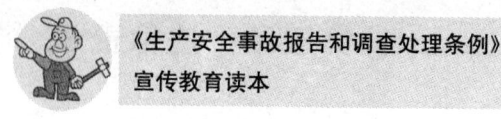

第九节 行政处罚

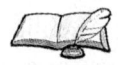
【相关法条】

第四十三条 本条例规定的罚款的行政处罚,由安全生产监督管理部门决定。

法律、行政法规对行政处罚的种类、幅度和决定机关另有规定的,依照其规定。

【法条详解】

本条是关于行政处罚的决定机关、种类和幅度的规定。

问题1:《条例》有哪些条文涉及"罚款的行政处罚"?

《条例》涉及"罚款的行政处罚"的条文有:第三十五条、第三十六条、第三十七条及第三十八条。

问题2:罚款的行政处罚为什么由安全生产监督管理部门决定?

这主要是考虑到,安全生产监督管理部门是安全生产综合监管部门,《条例》坚持了事故调查处理"政府负责、分级管理"的原则,由安全生产监督管理部门代表政府统一决定罚款的行政处罚,比较适当。同时,明确由一个部门决定罚款的行政处罚,也有利于方便生产经营单位。

原则上,县级以上人民政府安全生产监督管理部门都可以作出决定。从实际操作上考虑,可以由作出批复的人民政府决定由哪一级安全生产监督管理部门决定罚款的行政处罚。

第五章 法律责任

问题3：安全生产监督管理部门决定罚款时，需要注意哪些问题？

1. "一事不二罚"。依据《行政处罚法》的规定，对同一个违法行为，不得给予两次以上罚款的行政处罚。

2. 依据《行政处罚法》的规定，作出罚款决定的安全生产监督管理部门应当与收缴罚款的机构分离。

3. 罚款与罚金的折抵。依据《行政处罚法》的规定，违法行为构成犯罪，人民法院判处罚金时，行政机关已经给予当事人罚款的，应当折抵相应罚金。据此，在有关单位和人员依据《条例》第三十五条、第三十六条、第三十八条规定被安全生产监督管理部门处以罚款，同时又被法院判处罚金的情况下，有关单位和人员已经

123

缴纳的罚款可以折抵相应数额的罚金。

【小资料】

对有关单位、人员的行政处罚

1. 对事故责任单位可以吊扣、暂扣有关证照；一些专业法规里对发生事故的，不仅可以停产整顿，甚至可以提请人民政府予以关闭。

2.《企业职工伤亡事故报告和处理规定》和《特别重大事故调查程序暂行规定》主要是针对国有企业来制定的，一般是警告、记过、记大过、撤职。根据新的形势下，市场经济非常发达，各种经济形式普遍存在的情况下，国家对人员的处罚中，增加了有关行政处分的规定：吊销违法人员有关执业资格和岗位证书，5年内不得担任所有生产经营单位的负责人，这样在对原来国有企业处理的基础上，通过执业资格制度限制了很多违规、违法人员进入这个行业、领域。比如说生产经营单位主要负责人都要求必须经过安全生产监督管理部门组织的有安全生产执业资格的培训机构的培训，获得安全生产的执业证书。

3. 对违反规定的下列人员给予行政处分：事故调查组中对事故调查存在重大疏漏，或借机打击报复别人的成员；国家机关中，有失职、工作疏漏、重大失误的工作人员。

第六章　附则

第一节　适用范围的补充

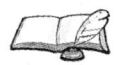
【相关法条】

第四十四条　没有造成人员伤亡，但是社会影响恶劣的事故，国务院或者有关地方人民政府认为需要调查处理的，依照本条例的有关规定执行。

国家机关、事业单位、人民团体发生的事故的报告和调查处理，参照本条例的规定执行。

【法条详解】

本条是关于《条例》适用范围的补充规定。

问题1：为什么要做出本条第一款的规定？

按照《条例》第二条的规定，《条例》适用于生产经营活动中发生的造成人员伤亡或者直接经济损失的生产安全事故的报告和调查处理。

但是，实践中确实可能存在一些生产安全事故没有造成人员死亡或者重伤的损害后果，甚至也很难说造成了直接经济损失，但是事故对经济、社会潜在的负面影响和无形的损失却是巨大的，并且造成了恶劣的社会影响，如严重影响周边人民群众正常的生产生

活,百姓反映强烈,或者造成较大的国际影响,或者对人民群众身体健康构成潜在威胁等。对这类事故,如果国务院或者有关地方人民政府(主要是事故发生地县级以上地方人民政府)认为需要调查处理的,依照《条例》的有关规定执行。

问题2:对于没有造成人员伤亡的事故,是否调查处理,决定权由谁掌握?

对于没有造成人员伤亡的事故,是否调查处理,决定权在国务院或者有关地方人民政府。

由于此类事故没有造成人员伤亡,甚至没有直接经济损失,往往无法明确划分事故等级,因此,在一般情况下,国务院或者有关地方人民政府(主要是事故发生地县级以上地方人民政府)均可以作出是否需要对事故进行调查处理的决定。

问题3:对于没有造成人员伤亡的事故,如何进行调查处理?

如果国务院或者有关地方人民政府认为需要进行调查处理,则对该事故的具体调查处理工作,应当依照《条例》的有关规定进行。

例如,关于事故调查的组织,国务院认为需要调查处理的事故,由国务院或者国务院授权的有关部门组织事故调查组进行调查。省级人民政府、设区的市级人民政府、县级人民政府认为需要调查处理的,可以直接组织事故调查组进行调查,也可以授权或者委托有关部门组织事故调查组进行调查。上级人民政府也可以指定下级人民政府组织事故调查组调查。

事故调查组提出事故调查报告后,负责组织事故调查的有关人民政府应当在《条例》规定的期限内及时作出批复,并监督有关部门落实批复意见。需要追究事故发生单位或者事故责任人责任的,依照《条例》的有关规定执行。

问题4：为什么要做出本条第二款的规定？

《条例》的适用范围是生产经营活动中发生的生产安全事故的报告和调查处理，也就是说，《条例》适用的主体主要是生产经营单位。

现实生活中，除了生产经营单位发生的生产安全事故外，国家机关、事业单位、人民团体等其他单位也可能会发生造成人员伤亡或者直接经济损失的事故。这类非生产经营单位发生的事故的报告和调查处理，目前我国现行法律、行政法规还没有明确规定。为了使非生产经营单位发生的事故的报告和调查处理有法可依，本条第二款规定，国家机关、事业单位、人民团体发生的事故的报告和调查处理，参照《条例》的规定执行。这与《企业职工伤亡事故报告和处理规定》第二十四条规定的精神是一致的。

问题5："国家机关""事业单位""人民团体"分别包括哪些？

"国家机关"，包括国家立法机关、行政机关和司法机关，党的机关以及其他民主党派机关。

"事业单位"是指国家为了社会公益事业目的办的从事文化、教育、卫生、体育、新闻等公益事业的单位，如学校、医院、图书馆、博物馆、电视台等。

"人民团体"则包括工会、共青团、妇联、残联等。

问题6：如何理解本条第二款的规定？

本条第二款的意思是，要根据情况，适合这类单位特点的规定，可以适用。

有的规定，如《条例》关于事故报告应当及时、准确、完整，任何单位和个人对事故不得迟报、漏报、谎报或者瞒报的规定，关于事故调查的原则、任务的规定，关于事故调查组的规定，关于落实整改措施的规定等都可以适用。有的规定，如对事故发生单位依法暂扣或者吊销有关证照等行政处罚的规定，则不适用于国家机

关、事业单位和人民团体。

此外,对于各类社会团体,如协会等,发生的事故的报告和调查处理,也应当对照《条例》的规定执行。

需要说明的是,事业单位的情况比较复杂,有的已经改制为企业,有的实行企业化管理,并从事生产经营活动。这类单位发生的事故,属于生产经营活动中发生的事故,其报告和调查处理应当直接适用《条例》的规定。

第二节 事故报告和调查处理的衔接性

【相关法条】

第四十五条 特别重大事故以下等级事故的报告和调查处理,有关法律、行政法规或者国务院另有规定的,依照其规定。

【法条详解】

本条是关于特别重大事故以下等级事故的报告和调查处理法律适用的衔接性规定。

问题1:理解本条需要注意哪些问题?

1. 对于特别重大事故

特别重大事故的报告和调查处理,统一依照《条例》的规定执行,在审查中,各有关部门均无不同意见。而且,这样规定也与有关法律、行政法规相衔接。因此,无论哪个行业和领域的特别重大事故的报告和调查处理,都应当按照《条例》第十九条的规定,由国务院或者国务院授权的部门组织事故调查组进行调查。

2. 对于特别重大事故以下等级的事故

特别重大事故以下等级的事故的报告和调查处理,有关法律、

第六章 附则

行政法规或者国务院另有规定的,依照其规定。

对于相关行业和领域内的特别重大事故以下等级的事故,包括重大事故、较大事故和一般事故,法律、行政法规或者国务院对其报告和调查处理另有规定的,依照其规定。这是一个衔接性规定。

问题2:为什么"另有规定的,依照其规定"?

这样规定,主要考虑了以下因素:

1. 现行安全生产监管体制

除安全生产监督管理部门外,其他许多部门也负责专门领域的安全生产监管。事故调查处理是安全生产工作不可缺少的环节,要切实履行好安全生产监管职责,有关部门需要有权进行事故调查处理。

2. 有些行业和领域的管理体制较为特殊

目前,铁路、海事和民用航空实行中央垂直管理体制,如果由地方政府牵头组织事故调查,与现行体制不符,操作起来难度也很大。

3. 有些行业和领域事故调查处理具有特殊性

例如,铁路交通、水上交通和民用航空都具有网络性、流动性,如果事故发生在哪里就由哪个地方的政府组织调查,不一定合适。另外,这几类事故的调查还具有很强的专业性、技术性,由业务主管部门牵头组织事故调查,更有利于发挥专业优势和技术特长,提高事故调查工作的效率。

又如,水上交通事故和民用航空事故又往往具有涉外性,有关国际公约对其调查处理有具体规定,其他国家也基本上由海事当局和民用航空部门进行调查,地方政府组织调查,与我国履行有关国际公约的要求和此类事故调查的国际惯例不相符。

再如,质检总局的"三定"方案和安全监管总局的"三定"方案都明确质检总局负责调查处理特种设备事故。因此,对于锅炉、

压力容器、压力管道、电梯、超重机等特种设备事故的调查处理，属于国务院另有规定的情形，应当由质量监督检验检疫部门负责组织事故调查组。

4. 现行有关法律、行政法规对事故调查处理已经作了一些规定

《消防法》《道路交通安全法》《海上交通安全法》《海上交通事故调查处理条例》《内河交通安全管理条例》等法律、行政法规对火灾事故、道路交通事故、海上船舶事故、内河船舶事故的调查处理机关分别作了规定，即火灾事故、道路交通事故、海上船舶交通事故、内河船舶事故分别由公安消防机构、公安机关交通管理部门、港务监督机构、海事管理机构组织调查。

综上所述，《条例》作为一部全面、系统地规范生产安全事故报告和调查处理的综合性行政法规，应当与现行法律、行政法规相衔接，作出上述衔接性规定，是比较适宜的。

【小资料】

某些特殊行业和领域的现行法律法规对事故调查程序的规定

1. 《内河交通安全管理条例》规定，船舶、浮动设施发生交通事故，其所有人或者经营人必须立即向交通事故发生地海事管理机构报告，并做好现场保护工作；海事管理机构接到内河交通事故报告后，必须立即派员前往现场，进行调查和取证；海事管理机构应当在内河交通事故调查、取证结束后30日内，依据调查事实和证据作出调查结论，并书面告知内河交通事故当事人。

2. 《道路交通安全法》及其实施条例规定，公安机关交通管理部门应当根据交通事故现场勘验、检查、调查情况和有关的检验、鉴定结论，及时制作交通事故认定书，作为处理交通事故的证据。交通事故认定书应当载明交通事故的基本事实、成因和当事人的责

任,并送达当事人。

3.《道路交通安全法实施条例》第九十三条规定,公安机关交通管理部门对经过勘验、检查现场的交通事故应当在勘查现场之日起 10 日内制作交通事故认定书。对需要进行检验、鉴定的,应当在检验、鉴定结果确定之日起 5 日内制作交通事故认定书。

4. 安全生产领域的综合性、基础性法律《安全生产法》第二条也明确规定,有关法律、行政法规对消防安全和道路交通安全、铁路交通安全、水上交通安全、民用航空安全以及核与辐射安全、特种设备安全另有规定的,适用其规定。

第三节 施行日期

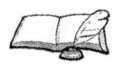

【相关法条】

第四十六条 本条例自 2007 年 6 月 1 日起施行。国务院 1989 年 3 月 29 日公布的《特别重大事故调查程序暂行规定》和 1991 年 2 月 22 日公布的《企业职工伤亡事故报告和处理规定》同时废止。

【法条详解】

本条是关于《条例》施行日期及废止现行有关行政法规的规定。

问题 1:怎样理解《条例》的时间效力?

法律效力包括对人的效力、对具体法律关系或事项的效力、对地域的效力、时间的效力等。

《条例》的时间效力涉及《条例》本身有无溯及力的问题。所谓法律的溯及力,即法律溯及既往的效力。简言之,就是新法施行后,对在它生效前发生的事件和行为是否适用的问题。如果适用,就具有溯及力；如果不适用，就不具有溯及力。

根据"法律不溯及既往"的一般原则，《条例》不适用于发生在2007年6月1日之前的生产安全事故的报告和调查处理。对在2007年6月1日之前发生的生产安全事故报告和调查处理，应当适用有关法律、行政法规的规定。如《安全生产法》《特别重大事故调查程序暂行规定》《企业职工伤亡事故报告和处理规定》《煤矿安全监察条例》等。

问题2：《特别重大事故调查程序暂行规定》和《企业职工伤亡事故报告和处理规定》为什么同时废止？

《条例》是根据安全生产面临的新形势，在总结1989年3月29日中华人民共和国国务院令第34号公布的《特别重大事故调查程序暂行规定》及1991年2月22日中华人民共和国国务院令第75号公布的《企业职工伤亡事故报告和处理规定》实施经验的基础上，制定的统一规范事故报告和调查处理的行政法规，其在内容上已经取代了上述两个行政法规。因此，《条例》施行后，《特别重大事故调查程序暂行规定》和《企业职工伤亡事故报告和处理规定》同时废止。

【小资料】

法律、行政法规对施行日期的规定方式

1. 明确规定从公布之日起施行。如《特别重大事故调查程序暂行规定》第二十八条规定："本规定自发布之日起施行。"

2. 公布后并不立即施行，经过一个时期后才开始施行，并明确规定施行的具体日期。如2002年6月29日中华人民共和国主席令第70号公布的《安全生产法》第九十七条规定："本法自2002年11月1日起施行。"

3. 法律的施行时间以另一法律的施行为条件。如1986年通过

第六章 附则

的《企业破产法（试行）》第四十三条规定："本法自《全民所有制工业企业法》实施满三个月之日起试行。"以这种方式规定法律施行日期的做法目前已经很少。

《条例》公布、施行的时间

《条例》是2007年4月9日中华人民共和国国务院令第493号公布的，自2007年6月1日起施行。

《条例》从公布到施行预留了两个月左右的时间，主要是考虑到社会各界需要一定的时间对《条例》进行学习、掌握，有关部门实施《条例》也需要作相应的准备。同时，这也是我国履行加入世界贸易组织相应义务的要求。

依据中国加入世界贸易组织议定书所作承诺，成员方应当提前公布其欲实施的与货物贸易、服务贸易，与贸易有关的知识产权及外汇管制等有关法律法规及其他措施，以便于其他成员国能够及时了解上述信息并有合理的时间向有关主管部门提出意见，未经公布的法律法规不得实施。因此，2006年3月20日《国务院办公厅关于进一步做好履行我国加入世界贸易组织议定书透明度条款相关工作的通知》要求，除了涉及国家安全及不立即施行会给法律本身实施带来不利影响的情况外，法律、行政法规公布与施行日期必须至少间隔一个月以上。